鸠江飯店史話

主　编　◆　汪世和

执行主编　◆　姚永森　郭青

和

安徽师范大学出版社

ANHUI NORMAL UNIVERSITY PRESS

·芜湖·

图书在版编目(CIP)数据

鸠江饭店史话 / 汪世和主编;姚永森,郭青执行主编 . — 芜湖:安徽师范大学出版社,
2024.12. — ISBN 978-7-5676-6940-6

Ⅰ. F726.93

中国国家版本馆 CIP 数据核字第2024QL2647号

鸠 江 饭 店 史 话
JIUJIANG FANDIAN SHIHUA

汪世和 主编　　　姚永森　郭 青 执行主编

封面题字:汪世和

责任编辑:辛新新　　　　　　　　　　责任校对:郭行洲

装帧设计:王晴晴　汤彬彬　汪亚婕　　责任印制:桑国磊

出版发行:安徽师范大学出版社

　　　　　芜湖市北京中路2号安徽师范大学赭山校区　　邮政编码:241000

网　　　址:http://www.ahnupress.com/

发 行 部:0553-3883578　5910327　5910310(传真)　E-mail:asdcbsfxb@126.com

印　　　刷:安徽联众印刷有限公司

版　　　次:2024年12月第1版

印　　　次:2024年12月第1次印刷

规　　　格:700 mm×1000 mm　1/16

印　　　张:19.5

字　　　数:260千字

书　　　号:978-7-5676-6940-6

定　　　价:380.00元

凡发现图书有质量问题,请与我社联系(联系电话:0553-5910315)

编撰会名单

主　　编：汪世和

执 行 主 编：姚永森　郭　青

编　　审：秦建平　叶　裕

编辑部名单（按姓氏笔画排序）：王　军　叶　裕　汪世和　张　清
张双柱　房　利　胡　杰　姚永森　秦建平　郭　青

撰稿人名单（按姓氏笔画排序）：叶　裕　刘传汉　孙栋华　李先明
汪世和　汪应泽　张　清　张双柱　张亦然　张安康　陆成全
范守义　胡　相　胡毓骅　柳拂桥　姚永森　秦建平　郭　青
谈正衡　龚英柏

序

　　上海离芜湖不远，我对于芜湖这座和上海同饮一江水的千年古城，一直有着一种莫名的喜爱。

　　早就听说过芜湖，也早就想来芜湖看看，我儿子曾经在芜湖工作。他多次对我说，那是一座秀美的江南古城，市区有山、有湖，半城山，半城水，风景很美。他还说，芜湖本地人一直自称是"小上海"。当然，儿子还提到芜湖的一家在安徽都极为出名的百年老店——鸠江饭店。

　　我年轻时工作学习都很忙，跟着师傅学做菜，去北京为7000人的国宴当厨，然后一路做到上海国际饭店总厨，整天忙来忙去，完全没有自己的时间。后来退了休，但也没有完全闲下来，各种社会活动蛮多，所以芜湖一直想来而没有来，鸠江饭店也只能一直留存于念想之中。

　　人是很奇怪的，年轻时十分想实现的愿望，年纪大了反而不那么强烈了。现在有许多地方的朋友邀请我去，我都婉言谢绝了，我今年83岁，总想待在家里安安静静地享受晚年生活。

这次是世和的真情打动了我。他多次邀请，真诚得不得了。他说鸠江饭店鸠帮菜盼着您来。他还告诉我，徽菜三分天下，鸠帮菜独占其一，请我去品尝、指导。

我做了大半辈子的菜，一说做菜就来了精神，于是答应他来芜湖。指导谈不上，品尝嘛，是一定要品尝的。

到了芜湖，看到这里道路宽阔，干净清爽，高楼林立，车来车往，果然担得起安徽省域副中心这个名号。路上擦肩而过的行人，步履平缓，不像大城市的上班族那般行色匆匆。芜湖的确是一座宜居宜业的江南古城。

走进鸠江饭店，这里的建筑风格，这里的摆设，让我仿佛回到过去的上海，亲切感油然而生。

近年来，听说鸠帮菜在色、香、味、型、器基础上又提出质、意、养理念，我当时就在想，鸠帮菜莫不是和许多商家一样，在玩什么噱头？但百闻不如一见，比如"鸠鼎香芙蓉鳜鱼卷"，两尺长的白瓷盘，把鱼肉做成花的样子，小巧可爱，造型活泼。鳜鱼卷配上金蒜酱，口感鲜嫩，富有层次。

鸠帮菜"红烧肉"取材于江南圩猪，而且只选前后胛最精华部分，对"质"的把控做到了极致。锅下烛火摇曳，锅里的红烧肉芡汁深红，把肉块映得格外诱人，吃起来又香又糯又油润。

印象蛮深的，还有那道"麻香翡翠卷"，碗中活的小鱼，碗上白瓷板上的翡翠卷，一动一静，相辅相成，相得益彰，似一幅江南小桥流水图。

鸠帮菜把大自然景象和菜肴融为一体，这是一种创新，更是一种质的提升。烹饪是门技术，烹饪原料丰富，很多原料需要厨师加以创新，想达到八字做菜标准是要动动脑筋的。烹饪艺术仿佛能给菜肴注入生命力一般，能让菜品震撼人心。

烹饪和生活是分不开的。在工作之余，我喜欢做衣服，做衣服得精选布料，量体裁衣，一针一线，仔细缝纫，才能做出一件合身的漂亮的衣服。我觉得做菜就像做衣服，一个厨师，面对丰富的原料要精挑细选，营养搭配，仔细调味，注意刀工火候。在芜湖，在鸠江饭店，我有幸目睹到以世和为领军人物的一批当地烹饪界精英正在发奋努力，锐意进取，不断创新。世和告诉我，就在前不久，鸠江饭店已经成功跻身"中华老字号"行列，假以时日，相信这块"中华老字号"招牌在这帮后起之秀的努力下，必定"越擦越亮"。

入住鸠江饭店的这几天，感受颇深，世和还拿出即将出版的《鸠江饭店史话》书稿，邀我写一篇序。面对这皇皇二十余万字的力作，面对这座已经有110年历史的老店，让人肃然起敬。晚上，灯下匆匆一阅，终究只是管中窥豹，略见一斑。加上本人不善言辞，只能草就此文，聊表一位老烹饪工作者对鸠江饭店以及全体员工的敬佩之意。

2024 年 5 月

目　录

ⓢⓣⓞⓡⓔ 店史留芳

名家追忆

鸠 帮 菜 肴

（文）（苑）（集）（粹）

鸠江之名

"鸠江"一词最早出处

　　览阅历代诗人数千歌咏芜湖的诗词，最早将中江或芜湖称为"鸠江"的诗人是崔冕。而崔冕笔下最早出现"鸠江"一词的诗是《南游》。在这首五言古诗中，崔冕是这样叙述的：

　　　　初从郡试归，意将他有求。

　　　　复以行路难，欲作金陵游。

　　　　悔吝戒意外，卜筮质之幽。

　　　　爻象乃告咎，爰买鸠江舟。

　　他还在诗中叙述了他从金陵到芜后曾"假寓"长街弋江北畔上的宁渊观。此诗收录在崔冕《素吟集》卷三中。

　　崔冕，字贡收，又字九玉，号素庵，明末清初安徽巢县人，是一位在丹青、诗文方面均有成就的民俗学家和画家，留有《千家姓文》和诗集《素吟集》八卷；遗有《写生诗意册》，是其游历大江南北的纪游之作，山川景色，孤村兰若，连江边农夫运砖之事亦一一记于毫端，多枯笔皴擦，略施淡彩，气息冲和，画风与姑孰画派萧云从之风相似。崔、萧是同时代人，其相互影响在各自画作上卓然而现。崔冕人品高洁，始终不忘明朝亡国之遗恨，所作画，树木从不着根，示意无土所依，与宋末的郑思肖和明末清初的八大山人有同一用意。清初，庐州府司马龚鼎孳出于对崔冕学识的尊崇，曾极力推荐他应举康熙朝博学鸿词科，被他坚辞。

在《素吟集》卷五、卷六和卷八中，崔冕的五言律诗和七言律诗中不断出现"鸠江"一词。如卷五有一首诗，标题是《舟适鸠江风雨阻四合山雨止舟复进》。诗人吟道：

> 骤雨经雷散，风樯泊断矶。
> 水程谋罟客，竹缆引舟师。
> 云湿流还住，山危过独迟。
> 依稀江树外，指点问鸠兹。

青弋江与长江交汇处

诗人将鸠江直接与古中江一段及古鸠兹挂了钩，连了线，足见这位巢县人对芜湖的了解。

当时巢县的这位明末遗民崔冕对日后的芜湖功莫大焉！在目前可查找的文献中可知，他最早以"鸠江"作为中江或芜湖的代称，让后人追念之感绵绵流长。

（姚永森）

清代诗文中"鸠江"的意指

　　"鸠江"一词大抵在明末清初开始出现，到了近代开始逐渐频繁使用。从目前可查记载中可知，最早出现"鸠江"字眼是在崔冕的《南游》诗中。

　　紧随其后的是窦遴奇。窦遴奇（约1619—1683年），字德迈，号松涛，直隶大名（今北京）人。清顺治三年（1646年）进士，任户部主事，擢郎中，官至徽宁广德道。所至以清白自持，风纪肃然。著有《倚雉堂集》十二卷。

　　窦遴奇的《倚雉堂集》卷九中载有他的《忆旧诗》之一：

　　　　昔日鸠江似画图，螺矶岩下酒频沽。
　　　　中流箫鼓鸣仙鹢，绝域钱刀供内帑。
　　　　岭树几重障岛屿，江风千里送艟舻。
　　　　十年魂梦犹相忆，遮莫人呼旧酒徒。

　　此外，还有安徽宣城人梅清（1623—1697年）。梅清，字渊公，一字润公，号瞿山，顺治十一年（1654年）举人，考授内阁中书。以博雅负盛名，以诗词名江左，并为黄山画派巨子。著有《瞿山诗

略》《天延阁集》等。

梅清有"鸠江"字眼的诗,名为《鸠江赠郭念海明府》:

> 我来何所见,江上有清风。
> 似立飞云下,相从明月中。
> 此心能复古,吾道竟还东。
> 息讼亭边过,歌声听不穷。

从《忆旧诗》《鸠江赠郭念海明府》两首诗中,我们可以初步判断窦遴奇将螃矶与青弋江相连的江水,即古时被史界大部分人称为中江的江水,名之为鸠江;而梅清诗中所说的明府是指县令,郭念海曾为芜湖县令。由此可判断出,梅清将鸠江作为芜湖的代称。

有人会问:清代和近代文人在诗文中提到的"鸠江",除上述代称外,还有别的意指吗?答案是有的,即青弋江。有刘埽的《中江书院续置洲地记》和俞鹏程的《小荆山文星阁记》等为证。刘埽这位接任李世杰担任安徽宁池太广道道台的人,坐在青弋江南岸蔡庙巷的道台衙署里撰写《中江书院续置洲地记》时,想到自己将快要废弃的中江书院重新建好了,并在经费上予以丰厚保障,看到学院从学日众,不禁对着衙署前的青弋江喟然叹道:"鸠江如带,宁不翕然为人文之渊薮哉!"与他有同样心境的芜湖举人俞鹏程在陪伴芜湖知县韩文成游历小荆山文星阁后,联想到荆山和青弋江,慨叹道:"是山虽小,望之灵异非常,鸠江秀气所钟,当必有郁结,而葆孕于此者也。"由此可知,他们文中的"鸠江"均指青弋江。

(姚永森)

"鸠江"是芜湖的别称

鸠江饭店的"鸠江"取自芜湖的别称"鸠江"。

"鸠江"是一个派生地名，其原生地名是芜湖的古称"鸠兹"。"鸠江"的"鸠"就是取自"鸠兹"的"鸠"。那么，"鸠江"的"江"又是取自哪条江流呢？

派生地名是由原生地名分化合成而来的。那么，"鸠江"的原生地名"鸠兹"在哪里呢？是位于湾沚区花桥镇"楚王城"的古鸠兹邑，还是位于镜湖区鸡毛山的芜湖古城？这就需要搞清楚"鸠江"一词最早出现的官方时间了。因为只有最早出现"鸠江"一词的官方时间确定了，我们才可以确定"鸠江"取名时的原生地名"鸠兹"的位置，并以此来确定"鸠江"的位置。

根据目前收集到的资料，"鸠江"作为河流名称，最早的官方记载是刘墫于乾隆三十七年（1772年）任安徽宁池太广道道台时的碑刻《中江书院续置洲地记》。碑刻中有："安徽宁池太广悉属治所五府一州二十八县，凡士民之俊秀而愿来学者，皆吾弟子……夫亦可以永无废坠矣。况复之继长增高事未可知，经费日充，从学日众，鸠江如带，宁不翕然为人文之渊薮哉！"（民国版《芜湖县志》卷十八《学校志》）此后，"鸠江"一词，又见清同治二年（1863年）

时，吴坤修创建的"鸠江书院"；后人李文森《增置鸠江书院田碑记》；1905年齐宗濂与毕仙俦等创办的《鸠江日报》；创办于1956年，初拟以"芜湖"为名的"芜湖饭店"，后改用以芜湖别称"鸠江"命名的"鸠江饭店"。而作为行政区划的名称，用芜湖别称"鸠江"命名始于1959年5月，当时芜湖东郊东河一带农村合并成立人民公社，使用了"鸠江人民公社"这一名称；1990年撤销裕溪口区、四褐山区、郊区三个市辖区组建新区，新区名称是"鸠江区"。

《中江书院续置洲地记》中的中江书院创建于乾隆三十年（1765年），位于青弋江南岸的蔡庙巷内。据芜湖市地方志编纂委员会编《芜湖城镇变迁史话》中《芜湖城市空间形态和结构的演变》："芜湖自三国时代迁至鸡毛山一带至明代，城市规模很小，此段时间内，虽然有宋代和明代两次筑城，但是城市呈现的形态结构仍然是单一而紧凑的'团块状'；地域结构模式是'同心圆模式'……明清两代……从鸡毛山沿青弋江向入江的两江交汇口延伸，即芜湖老城的'十里长街'两侧一带。城市的形态结构处于明显的'条带状'形态。"从上面的描述我们可以知道，明清时期的芜湖城是沿青弋江两岸发展的。再从中江书院的角度来看，中江书院位于青弋江南岸的蔡庙巷。蔡庙巷的位置在民国版《芜湖县志》的《城南图》中是一条位于通津桥下游的青弋江南岸的街巷，巷长百米左右，出中江书院门不远，就可到达"如带"的青弋江。这完全符合《中江书院续置洲地记》中记载的"鸠江如带"的描述。从上面的描述来看，乾隆三十年（1765年）时"鸠江"的原生地名"鸠兹"应该是指位于鸡毛山的芜湖古城的别称"鸠兹"。此时的"鸠兹"是位于鸡毛山的芜湖古城，按照"原有地名称为原生地名，派生地名一般来源于与之相邻的居民地、山脉、河流、湖泊等名称"来看，"鸠江"应该是一条与芜湖古城相邻的河流。从地图上来看，与别称"鸠兹"相邻的河流既是指芜湖的重要水源，承载着芜湖丰厚的历史文化底蕴，并被视为芜湖的经济命脉和芜湖"母亲河"的青弋江，亦是指中华民族母亲河——长江。这里需要特别指出的是，青弋江在芜湖人口中只能屈居为"河"，因此，"鸠江"是指流经芜湖的这段长江。

（胡毓骅）

"鸠江"就是"芜江"

"鸠江"是不是等于"芜江"？前文说了，芜湖别名为"鸠江"，但"鸠江"与"芜江"究竟有啥关系？

前文说到崔冕与梅清两人差不多是同时代人，其中崔冕为安徽巢县人，梅清为安徽宣城人，都居长江两岸，与芜湖相距不远，二人诗作中都出现了"鸠江"一词，绝不是偶然和巧合。关于崔冕，他的以下两首诗中的诗句倒显出几分豁达。

其一：《萧尺木先生过巢城》

艇放鸠江趁急湍，过巢休夏石林端。
庖厨官舍三旬久，风雨山楼六月寒。
弄笔绿窗常惜墨，披书白发不加冠。
新诗妙画留天地，日对真惭拜教难。

其二：《春过方山访颖异不值》

鸠江一别四年余，未悉深山半纸书。
种竹种茶君乐事，尘劳白发可怜余。

无计寻归思独深，松厨午饭日侵林。

城中时上牛山望，可许同参住世心。

梅清在历史上名气颇大，是北宋名臣梅尧臣之后人，《清史稿·文苑传》有记载，近年出版的《安徽名人辞典》中亦有详细介绍。而梅清之诗作中多次提到"鸠江"的同时，还常常提到"芜江"一词。

"芜江"，顾名思义就是"芜湖长江段"，意指芜湖，如《芜江萧子尺木》《花烛诗寄子恭芜江》《汤岩夫芜江》《归舟留别芜江诸子》《芜江感旧》等诗题皆有"芜江"一词。此外还有《仙源汤子岩夫》中作者自注："岩夫家仙源，寄居芜江。"《壶天亭醉歌》中有"我来芜江四十日，江上孤吟诸子集"。在《芜江萧子尺木》中作者自注："宛水距芜江不二百里。"宣城古称"宛陵"，故宛水即指宣城。

还有一名宣城人施闰章（1618—1683年），相比较梅清而言，名气更大，官至翰林院侍读。诗名更高，创"宣城体"，执掌东南诗坛，与山东莱阳宋琬齐名，人称"南施北宋"，《清史稿·文苑传》有记载。他的诗作《归次芜江》《雨泊芜江》《芜江除夕》《答徐七程叔芜江见寄》《闻乱怀徐程叔久客芜江》《归次芜江雪后得好月》等亦多有"芜江"一词。他在《于湖罗绣铭宅留别》诗中有"宛水芜江衣带分"。他的诗作中还多次出现"芜湖""芜关""鸠兹"等地名，也有"半亩园"之类的芜湖老地名。

与梅清、施闰章两位同时代的还有方文（1612—1669年）、窦遴奇，他们的诗作中多有"芜江""鸠江"一词。由此可见，在明末清初这一时期，"芜江"就是"鸠江"，也就是芜湖，这在诗人眼中已成共识。

　　而在此之后，"芜江"一词渐渐不见，而"鸠江"一词使用越来越频繁起来，这足以说明"鸠江"的历史渊源以及其在芜湖人心目中的地位，也从另一个角度证实了"鸠"代表芜湖的历史文化底蕴和内涵。

（秦建平）

最早出现"鸠江"一词的官文碑刻

　　如果说"鸠江"字眼最早出现在崔冕的诗中，那么，官文碑刻中最早留下"鸠江"字眼的作者就是乾隆三十七年（1772年）担任安徽宁池太广道道台的刘壿。

　　可别小看这刘壿，他字象山，山东诸城人，是赫赫有名的刘墉的四祖父刘棐的孙子，也就是说他是刘墉堂弟。他于乾隆二十五年（1760年）考中进士，迅即被皇帝擢拔为庶吉士，表现出他被朝廷认可的潜质。担任安徽宁池太广道道台没有几天，这位读书人出身的官员就视察了设在青弋江南岸蔡庙巷内的"中江书院"，当即急书一文，名为《中江书院续置洲地记》，嘱人刻碑，立于学院门前。从此，书院"馆舍倾圮，辍学而废业"的惨景一扫而尽。

　　地处青弋江南岸的蔡庙巷内曾有一座"中江书院"，是乾隆三十年（1765年）由当时安徽宁池太广道道台李世杰创办的。书院创办之后，给芜湖乃至太平府读书人带来了希望。《芜湖县志》卷四十四《名宦传》有语称赞：李世杰，字汉三，号云岩，贵州人，下车旬日，即倡议创建中江书院，数月落成，延师考课必亲临以礼下之，多方鼓舞，芜之文风丕振，自此科第不替者，皆公之造也。李道台创始之功，可谓大矣。

但李世杰一离职，中江书院就坠入"倾圮废业"状况，其原因有三：一是书院设在芜湖，他让太平府分管军事的司马来管辖，芜湖地方官员不参与其事；二是为学院筹措经费的"簿籍塘地房租，岁之所入，恒不敷出"（《芜湖县志》卷十八《学校志》）；三是书院学生膏火脯资拖欠颇多，导致学生纷纷退学废业。

刘墫一到任，在充分肯定前任功绩的基础上对书院的延续和发展实行了重大改革：一是和芜湖县令淡如水商定，学院交给芜湖县令管理；二是书院格局不再仅限于太平府，而是安徽宁池太广道"悉属治所五府一州二十八县"，诚如刘墫在碑刻文中所说：全道所属地"凡士民之俊秀而愿来学者，皆吾弟子"；三是用1200多两白银购买了和县谢氏的江滨洲地，交给淡如水清界址，稽顷亩，别肥硗，定租额，并详载县籍，"以垂久远"。这位载在《芜湖县志》卷四十四《名宦传》中的淡知县见道台如此重视自己，充满干劲，对书院的重建和扩充发展做出了不小的贡献。一时书院声誉日隆，人才鸠聚，刘墫在他所写的官文碑刻《中江书院续置洲地记》中感叹道：书院将"可以永无废坠矣"，"况复之继长增高事未可知，经费日充，从学日众，鸠江如带，宁不翕然为人文之渊薮哉"！就这样，"鸠江"之名首次出现在官文碑刻中。

（姚永森）

官办中江书院和鸠江书院

昔日，在芜湖这片热二上，延续时间最长的官办书院，是中江书院，曾独领风骚百余年。

中江书院始创于清乾隆三十年（1765 年）。但是，咸丰三年（1853 年）三月，太平军攻入芜湖，书院毁于战火。

同治二年（1863 年），徽宁池太广道道台吴坤修（1816—1872 年）在原址重建书院，将书院改名为"鸠江书院"。鸠江书院竣工，吴坤修亲自撰写一副楹联："执鞭弭以事戎行，几经奋臂前驱，十年兵气销吴楚；易壁垒而为学舍，从此掀髯仰望，一道文光射斗牛。"由此可见，吴坤修对鸠江书院寄托着殷殷厚望。同治四年（1865 年），进士李文森来芜湖，出任徽宁池太广道道台，更加注重匡扶鸠江书院，把行治安置在鸠江书院内。列举观风，课试诸生，并奏准由皖南厘局拨银1350 两作为考课学生、买田出租之用，用租金作为鸠江书院长期发展的教育经费，并修房20 余间作为肄业所在，竭尽全力振兴书院。同治九年（1870 年），书院移建至城内东内街梧桐巷（即后来的井巷），光绪元年（1875 年）书院复名为"中江书院"，学员达200 多人，教风严谨，学风蔚然。日常教学采用自学、辅导相结合形式，学员根据自己的特长，选择课题自学，随时记录学习情况

和心得体会。主教从旁指引，点拨引导，强调质疑，鼓励学员问难论辩。这种独立钻研、自由研讨的新学风，吸引着芜湖周边四府一州的莘莘学子。

光绪十八年（1892年），袁昶由户部员外郎调任徽宁池太广道道台。下车伊始，他认为书院规模小，设施简陋，于是，主持整顿扩建书院，增建"经义""治事"两斋，作为"诸生讲习之所"，增建尊经阁，使中江书院得到新的发展。

光绪二十四年（1898年），光绪帝下诏，废除八股，改试策论，取消各地书院，改为学堂，光绪三十一年（1905年）清政府宣布废除科举制度。光绪二十九年（1903年），徽宁池太广道道台刘树屏将中江书院改名为"皖南中学堂"，并附设小学堂；同年底，皖南中学堂中学部从东内街迁往赭山，成立"皖江中学堂"，这是安徽省最早的独立中学，民国三年（1914年）改为省立第五中学，1950年更名为芜湖市第一中学，留在东内街的皖南中学堂小学部则更名为芜关中学，至此，皖南中学堂也便销声匿迹了。

（刘传汉）

曾国藩与鸠江书院

中国古代书院是儒学派生的教育机构，最早作为地方教育组织出现在唐代，发展于宋代，直至晚清科举改制而废弃。书院历经千年，人才辈出，遍及华夏，影响海外，晚清"中兴名臣"曾国藩便是求学于书院。

嘉庆十六年（1811年），曾国藩出生在湖南长沙府湘乡的一个普通耕读家庭，19岁那年，前往衡阳唐氏宗祠读书，一年后转入湘乡涟滨书院。曾国藩22岁考取秀才，一年后到当时湖南最高学府岳麓书院学习，在那里又度过四个春秋，于道光十八年（1838年）中进士，从此开启了自己的仕途之路。由此可见，曾国藩的书院情结早在他青少年时代就埋下了种子。

曾国藩是中国近代历史上一位举足轻重的人物，他好读书、善读书，一生坚持读书，乐此不疲。在曾国藩身边围绕着一群和他一样爱读书的幕僚，其中便有日后创办鸠江书院的晚清名臣——吴坤修。

吴坤修，字竹庄，是曾国藩最早的一批追随者之一。他不像曾国藩那样在学业上一帆风顺，初为国子监监生，屡试不第，于是另辟蹊径，靠捐纳得到从九品官。咸丰二年（1852年），太平军进攻长沙，吴坤修以守城之功叙知县，咸丰三年（1853年）吴坤修在湖南衡阳遇到了自己的人生知遇曾国藩，之后跟随曾国藩屡建功勋，仕途青云直上，先后官拜安徽按察使、布政使和巡抚。

吴坤修与曾国藩交情甚厚。在《曾国藩家书》《曾文正公书札》中，有很多吴坤修与曾国藩的往来书信，曾国藩描述吴坤修与自己投缘，经常是"坐颇久""与长谈"，其中便有曾国藩与芜湖鸠江书院的线索。

吴坤修因赫赫战功，在安徽相继被提拔为徽宁池太广道道台、安徽按察使等。同治二年（1863年）吴坤修在芜湖原中江书院旧址上重修了书院，并改名为鸠江书院。

鸠江书院建成两年后即同治四年（1865年）四月初六，曾国藩给吴坤修写了封信，在信中提到吴坤修开办的鸠江书院所培养出的学生中有人考得了好成绩："鸠江书院肄业诸生，上年乡试获中二名，足征振兴之效。兹复分廉开课，益卜蒸蒸日上，欣慰何如！园中平台仅揽三面，仍须更拓一层，则雨花台一带皆可望见也。"〔韦力《芜湖中江书院：郑重藏书，兼及西艺（上）》〕需要指出的是，这里"则雨花台一带皆可望见也"一句中的"雨花台"或是南京的代称。清朝时南京作为两江总督驻所，政治地位颇高，也是乡试的举办地，坐落在这里的江南贡院被誉为"中国古代官员的摇篮"，曾国藩在此以"雨花台"为喻，无疑也是勉励吴坤修继续办好鸠江书院，以培育更多国家栋梁。由此可见，曾国藩对鸠江书院的情况颇为了解。

（张安康）

民办鸠江书院

　　中国古代书院是独具特色的文化教育机构。从唐中叶开始至晚清教育改制，书院作为一种主要的文化教学组织延续了千年之久。在芜湖书院的发展史上，曾出现过两座鸠江书院，一座是由官府出资经营的官办鸠江书院，即中江书院；一座是由乡绅捐资创办的民办鸠江书院。

　　二者之间的渊源和分野要从一个清朝大臣吴坤修讲起。同治二年（1863年），时任徽宁池太广道道台的吴坤修在废墟上重建了中江书院，并易名为鸠江书院，地址在青弋江南岸蔡庙巷内。称此"鸠江书院"为官办鸠江书院，原因在于官府是书院的重要经济来源。一方面，鸠江书院的前身也就是李世杰创办于乾隆三十年（1765年）的中江书院，在成立7年以后由当时的芜湖道尹刘墫将书院划归芜湖县令淡如水管理，官府接管后书院面貌焕然一新，"经费日充，从学日众"。另一方面，重修后的鸠江书院在徽宁池太广道道台李文森的帮助下，再次获得官府资助，皖南厘局拨银1350两作为鸠江书院买地出租的经费。

　　同治九年（1870年），鸠江书院从河南（今弋江区境内）移建至城内巡道署东，也即今天芜湖古城内的梧桐巷。光绪元年（1875年）

又重新改回"中江书院"的名号。官办鸠江书院移建至城内后，蔡庙巷内书院原址被废弃了9年，到了光绪五年（1879年），地方乡绅何义彰、甘嗣赵、黄萃、经康杰、彭茂文、尚光鉴、鲍文镳、彭蔚文、高崧、程顺涛等人在原址上又捐资创办了新的鸠江书院，即本文所称民办鸠江书院。乡绅们除禀请当时的芜湖县令周良玉赎回了宝善局田外，同时又从当时百姓手里买了一部分田地，由程莅封、鲍世期、潘茂树、张宝潞、许衍模、王荣和任分班经理，按月考课，一直延续至光绪三十一年（1905年）科举制度宣告废除。

需要说明的是，虽然民办鸠江书院存续时间不长（仅20余年），但进入民国时期后，书院又改归地方财政局管理。从民国八年（1919年）起，地方财政局每年拨款600元资助3名考入大学本科者，每人津贴200元，以惠寒畯而宏教育。

至于民办鸠江书院后来的故事和变迁，由于史料未载，已经湮没在历史长河中了。

（张安康）

终究易名为鸠江饭店

1957 年 10 月 1 日，鸠江饭店正式营业，店名是谁取的，或者谁提议的，现在无从查证。有确切资料可以证明的是，1955 年鸠江饭店的前身王正鑫客寓在公私合营时，曾将店名改为鸠江

20世纪50年代的鸠江饭店

饭店并有印章可以证明，但在鸠江饭店设计、建设时期，在设计图纸上标注的是芜湖饭店，而不是鸠江饭店。

当饭店正式营业时，时任安徽省副省长张恺帆亲笔题写饭店名称——鸠江饭店。

现在可以查到的文件证明，1956 年，芜湖市交际处就鸠江饭店的名称、组织机构、人员配备等问题向芜湖市人民委员会提交报告，芜湖市人民委员会做出如下回复：

交际处：

你处的交际字015号报告悉，所附关于鸠江饭店名称及组织机构、人员配备等问题，经研究答复如下：

1. 饭店名称定名为地方国营芜湖市鸠江饭店。

2. 人员配备由市委召集有关部门研究决定，技术人员配备由商业部门研究解决。

3. 有关业务经营由市商业局领导。

4. 有关行政、交际业务由你处领导。

此复。

芜湖市人民委员会

从现有大量材料获知，鸠江饭店曾在20世纪60年代改名为"东方红饭店"。

1972年，为恢复国民经济，商业部门对老字号企业逐渐重视，4月22日，时任鸠江饭店经理程凡向上级主管部门市商业局提出，要将"东方红饭店"改回"鸠江饭店"，很快，5月13日，市商业局就发文批复，同意将饭店名恢复为"鸠江饭店"，自此"鸠江饭店"这个名称一直沿用至今。

以后，鸠江饭店的店名又经几番变更。风起云涌，潮落终归有潮起。伴随着"国家五钻级酒家"和"中华老字号"称号花落鸠江饭店，"鸠江"二字闪烁出灿烂的光芒，成为芜湖这座城市的宝贵记忆。

（张　清）

岁月留痕

从十三道门到李漱兰堂

在鸠江饭店资料室内藏有几张有关十三道门的房产契约：有1953年芜湖市人民政府赵一鸣市长签发的王正鑫客寓土地房屋所有证，上面明确载有十三道门十号，计"瓦平房肆间"；有1956年王睿亭领取"鸠江饭店筹备处"有关拆迁补偿款的领条；还有袁耀群十三道门一号的土地房屋所有证和拆迁补偿款的领条。

1956年初，经安徽省人民政府批准，芜湖市决定将北京路以北、中山路以西"十三道门"地块15.18亩征用，建一座地方国营综合性大饭店。时任芜湖市交际处处长徐锡麟负责筹建，拆迁了包括王睿亭经营的王正鑫客寓在内的147户房产。

一年后建成主楼5层，东西裙楼各4层，占地面积10520平方米，建筑面积达13750平方米的安徽省首家地方国营综合性大饭店。饭店名称原定为"芜湖饭店"。1955年王正鑫客寓的经营者王睿亭积极响应政府公私合营号召，废止了"王正鑫客寓"的名号。可能考虑到王睿亭当时在旅栈烹饪行业的影响等原因，王睿亭被吸纳为"鸠江饭店"的正式员工。坐落在十三道门等地基上的"鸠江饭店"在试营业后，1957年10月1日正式营业。时任安徽省副省长张恺帆题写店名。正式营业那天，饭店门前搭起的主席台上坐着省市领导，现

场人头攒动，红旗飘扬，锣鼓喧天，热闹非凡。

芜湖市十三道门是个什么地方，缘何起了这个名？昔日的劳动路即今中山北路，从今黄山西路和中和路的接合处穿过，形成十字路口。十字路口附近以往有两条平行的巷子，一条叫平章里，全长287米，宽2米，碎石路面；另一条叫十三道门，全长60米，宽3米，水泥路面。光绪八年（1882年）以后，十三道门前兴建过一排排住宅，第一排就有十三道门，每道门连两边护墙是7米，总长近百米。新中国成立后，伴随着劳动路的开辟，十三道门部分拆除，尚存60余米。最初在这里开发建造房屋的主人和设计者是个上海崇拜者，他们在这里造上海式的住宅，但有所简化，进大门有一方小庭院，迎面两层楼房不过60余平方米，属于简易出租屋。据称，全年房租必须一次性预付，方能入住。住客询问房主，此地叫啥名？答：十三道门。当时警局编定户口登记地名，也签上十三道门予以认可。

十三道门一带的住宅是谁建的？一个名叫"李漱兰堂"的堂号展现在世人面前。"李漱兰堂"是十三道门的房东，在当时芜湖全市诸多房产商中他的房产规模最大，经日后变卖和赠送，到1951年，经市房管局查核，仍有276幢房屋在"李漱兰堂"名下，分布在市区28条街道和里巷，其中就有十三道门的两幢房屋。

提及"李漱兰堂"就不能不提及李经方（1855—1934年）。李经方，字伯行，号端甫，是李昭庆的大儿子。早年他在家乡合肥读书，7岁时被时任江苏巡抚、39岁仍未育子的李鸿章抱养过去，成为李鸿章的继长子。说来奇怪，李经方在新家出现之后，李鸿章的夫人赵氏接连生下5个儿子。李经方于是被家里人昵称为"带弟子"，受到养父母的宠爱，被送到国外接受西式语言和礼仪的教育，不到20岁就能流利地说几国语言。

但科举在当时仍盛行，书读得不错的李经方要想学而优则仕，就必须走八股之路。好在他天赋极高，很快就晋身为廪生，列为候选郎中。光绪八年（1882年），镇江七浩口米市迁到芜湖之际，从国外归来的李经方在南京参加江南乡试，一举中式，成为第38名举人。他接着悬梁刺股，多次参加进士考试，却均无消息，再加上是抱养之子，难以承袭养父的爵号和封典，就一气之下带着李氏族人下海经商起来，经商的首要目标地是芜湖。

比其他商人高出一筹的是，李经方请弟弟李经榘担任芜湖商会首任会长并兼任轮船招商局芜湖分局总办，又请家人开办了众多的砻坊，经营米面业，而他把主要心思放在大规模开发房地产上。为此，他在李氏家族率先设立清代通行的堂号，名之为"李漱兰堂"，办公地点设在大官山，其本人在昔日华盛街和原六中地块建造起一座深宅大院，走马转角楼，坐北朝南，四周青砖围墙，牌坊式门楼，正对关门洲。兽首铜环红漆大门，两边石狮排立。门前有块大场地，连接大道，设立东西辕门，人称"钦差府"。他的弟弟在他的嘱咐下，也分别成立蔼吉堂、志勤堂、固本堂、通德堂等，在芜湖投资经商。

李漱兰堂先后开发了长街附近的二街、三街、新芜路、柳春园、华盛街、沿河路、大马路（今中山路步行街），还开发了北平路一带，筑就成平章里和十三道门等。路开到哪里，房屋就建造到哪里。仅李漱兰堂一家就在万余幢房屋中占据5000余幢，成为芜湖的房产大亨。但随着李鸿章的去世和内乱的频生，李经方离开芜湖，委托其在芜湖的总管不断变卖和赠送房产，到1951年，偌大的李漱兰堂房屋仅剩276幢，其中包括十三道门的两幢房屋，它们全被李漱兰堂总管周梦文赠送给市教育局，1957年全部由市房管局接管。由此可见，王睿亭和袁耀群两处十三道门房产是在1951年前购买的，十三道门众多房屋除市教育局接受捐赠的两幢以外，大都是李氏家族衰败之后的变卖之物。

由此，我们可大抵了解十三道门和李漱兰堂的关系，也大抵明白了十三道门和鸠江饭店的关联。

（姚永森）

北京路的由来

　　鸠江饭店位于芜湖北京路和中山北路交叉口，在芜湖市主城区的道路中，北京路无疑是后起之秀。

　　北京路修建于民国二十四年（1935年），初名"北平路"，1951年易名为"北京路"，东西走向，东从原中山路北端起，与中山路形成直角，穿过范罗山与殷家山两山脚下，西至新市口止，碎石路面，全长880米。1957年进行拓宽改造，向东延伸至春安路，与春安路

形成"丁"字形，道路全长960米，宽28米，其中车行道宽15米，两侧人行道宽6.5米左右，改为混凝土水泥路面，是全市第一条高等级水泥路面的马路，坦荡而平整。北京路成为市中心的主干道之一，沿途与春安路、劳动路、中山路、中和坊（路）、申元街、冰冻街、青山街、吉和街相连。

1997年，北京路拓宽到40米，增设慢车道，其中车行道宽15米左右，两旁慢车道宽4.5米左右，两侧人行道宽5米左右，同时，北京西路车行道也拓宽到15米，并向前延伸26米，全长达455米。这样，北京路（包括北京西路）全长达1415米，成为中心城区连接长江客运码头的主要道路。

从全真宫到工人文化宫

北京路是条有着深厚历史文化底蕴的道路。

北京路东端与春安路交界处东侧，曾经建有一座有名的道观——全真宫。据民国八年（1919年）《芜湖县志》记载，"在县西升仙埠"，原来有一条由西而南的蜿蜒小道，旁边曾经是一位汪姓人家的私家花园。清顺治九年（1652年），奉天林中瑶兄弟侨居芜湖，购为道院。掘地得砖镌有"来仙堂"三字，疑古栖真所，乃建玉皇殿、斗姥宫、廊庑云房，备极宏丽，取名"全真宫"，作为道士修道之所。乾隆五十年（1785年），邑令陈圣修建真武殿。嘉庆四年（1799年），观察使宋镕建孚祐宫，祀吕祖（即吕洞宾）。道观范围不

20世纪70年代的工人俱乐部

断扩大，也成为云游道人栖居之所。辉煌壮观延续250多年，直到光绪末年废，改建警务公所及地方审判检察厅。

宣统三年（1911年），全真宫房屋被皖南军政分府占用。民国元年（1912年）10月，孙中山先生来芜湖视察时，曾到此会见芜湖各界人士代表。民国二年（1913年），"为芜（湖）大（通）镇守使署"。民国三年（1914年），"划出东偏为芜湖道尹署"，到民国八年（1919年）全部房屋都为皖南镇守使署所用，其间，拆除旧房屋，翻盖为新式建筑，建有大会堂及二层办公楼等。抗战胜利后，大会堂被改为中山纪念堂，并将房屋翻新，把大门由向南改为向西。1949年4月，芜湖解放后，中山纪念堂改为解放剧场，后兼做皖南行署大礼堂。1951年改为工人俱乐部。1983年，旧房被拆除，翻建为有8层的芜湖市工人文化宫。2000年建设鸠兹广场时，芜湖市工人文化宫被拆除。

从"明远"到永远

在北京路东端南侧，曾经是一个名叫"西门外下十五铺"的地方。光绪三十二年（1906年），徽商吴兴周（1868—1941年）联手绩溪同乡程宝珍、周淑培、黄佩之、胡应莲和六安吴竹溪等人，经过一番筹划，集资本银10万两，在这里购得40亩土地，大兴土木，建造厂房，建造了当时的地标性建筑，随后又紧锣密鼓地从国外购买机器，开办芜湖明远电灯有限公司，经清政府工商部注册，芜湖明远电灯有限公司以"黑白月亮"为商标，于光绪三十四年（1908年）12月正式发电。从此，芜湖明远电灯有限公司点亮了芜湖的夜晚，"开芜湖风气之先"，芜湖因此成为安徽省最先拥有电的城市，吴兴周也被后人称赞为"给芜湖乃至安徽商民送来现代光明的第一人"。芜湖明远电灯有限公司是芜湖近代民族工业中的"两个半烟囱"

之一。直到 20 世纪 60 年代，芜湖明远电灯有限公司的发电设备被迁移出市区，那座顶部内径达 1 米的六角形烟囱也终于退出了历史舞台。不过，"光明到永远"的佳话仍然流传在民间。

从圆照寺到铁佛寺

在北京路南侧的范罗山脚下，曾经建有一座名刹——圆照寺，民国八年（1919 年）《芜湖县志》记载为"宋时建"。建寺之初，僧人发现，黄昏时分一轮落日斜照在庙宇之间，肃穆而宁静，故取名"圆照寺"，暗寓"佛日圆照"之意。寺庙建成之后，屡有修缮，明万历三十年（1602 年），徽人汪廷讷重修，内供铜佛、铁佛各一座，其中铁佛更显高大壮观，故圆照寺俗名"铁佛寺"。铁佛寺环境优美，寺中曾有一株唐代的梅花树，花开时节，清香四溢，吸引着众多游人前来观赏，名人雅士也纷纷赋诗作画，明末清初画家萧云从、芜湖名士黄钺等都有诗画赞誉铁佛寺。但是到了民国时期，铁佛寺被毁坏殆尽，只留下一个让人怀念的地名。

从十三道门到鸠江饭店

新中国成立前，北京路（当时称北平路）两旁多是低矮破旧的民房，新中国成立后，北京路的面貌迎来日新月异的变化，街道两旁先后建起粮食局大楼、邮电局大楼、工业大楼等。鸠江饭店大楼与 1959 年 1 月建成的百货大楼（亦称商业大楼）隔路相望，为北京路增添了一抹亮丽的色彩。20 世纪八九十年代，又建起的公安大楼、电信大楼等，成为北京路旁的新地标。但是，其中最有故事又引人注目的还是位于北京路与劳动路交界处的鸠江饭店大楼。

鸠江饭店原址是一个叫作"十三道门"的地方。1956 年，原来的十三道门一带被拆除，市政府在此建起了一座大楼，取名"鸠江饭店"，1957年10月1日正式营业。鸠江饭店营业建筑面积达9630多平方米，是解放后芜湖建设的第一家地方国营综合性大饭店，一度成为芜湖市的标志性建筑，也是芜湖迅速发展的历史见证。

进入21世纪以后，北京路又迎来了新变化。2010年2月，市委、市政府研究批准了《芜湖亍市区道路规划命名方案》，将滨江公园至黄山中路（今安徽师范大学赭山校区东大门口）一段，划定为"北京西路"，将黄山中路至扁担河（包括原来的营盘山路）划定为"北京中路"，将扁担河至清水河大桥划定为"北京东路"，大大延伸了北京路的长度。

（刘传汉）

劳动路的沿革

　　劳动路紧挨着鸠江饭店，是芜湖解放以后最先兴建的市区道路。原来这里只有一条便道，两旁是大片的农田和岗丘。1952年，市委、市政府在便道南侧的铁山上设立招待所（后改名为市委交际处，即今铁山宾馆）。为方便车辆和人员进出，当年市政部门将这条便道拓宽整修为市区道路，使其成为进出铁山招待所的一条主要通道，道路为东西走向，东从与北京路交界处起，西至大官山南麓止，全长1396米，宽6米，碎石路面。

　　劳动路建成之后，市政部门分别于1956年、1960年、1965年、1980年和1996年进行了五次较大规模的整修扩建。1960年扩建时，正值国家三年经济困难时期，筑路材料比较匮乏，市政府提出"克服困难，以工代赈，重点改造城市道路"的要求，全市机关干部、职工，主动放弃休息，不计报酬，就地开山取石，参加义务筑路劳动，终于将劳动路改造扩建一新，使其成为市区连接新建的工业干道（今长江路），及通往四褐山工业区的主要道路。道路最初被命名为"劳动者路"，后来改名为"劳动路"。

　　1952年兴建劳动路时，同时也将狮子山北麓的便道扩建为宽20米左右的马路，此便道东与劳动路相贯通，西与原来的公共租界内的"三马路"相连接，直至原江岸路，全长914米。1956年，芜湖造船厂扩建时，这段道路又被扩建整修，被命名为"劳动西路"，从而使劳动路全长达到2000米。

进入21世纪后，劳动路又进行过两次拓宽整修，2000年11月更名为"中山北路"。

劳动路两边有着丰富的历史遗存。在劳动路与北京路交界处北侧的今单轨站一带，曾经是芜湖乃至安徽的电力工业发源地。光绪三十二年（1906年），绩溪人吴兴周与程宝珍等人联手，在这里购地40亩，兴建厂房1.6万平方米，从国外购置设备，创办了芜湖明远电灯有限公司，于光绪三十四年（1908年）建成发电，最初将大马路、长街等一带商号和居民户的夜晚照得如同白昼。当时有民谣唱道："徽州骆驼送电火，电火送来胜光月。从此夜色不昏暗，男女老少都欢悦。"

在劳动路北侧，与更兴路交界处，有一座凤凰山。民国元年（1912年），美籍传教士毕竟成在凤凰山上建起校舍，将"萃文书院"从青山街迁来凤凰山办学，并改校名为"萃文学堂"（解放后曾改名为芜湖四中，即今安徽师范大学附中的前身），直到1960年8月萃文学堂才迁出凤凰山。

在劳动路与长江路交界处，有一座大官山。山虽仅有23.7米高，但过去是芜湖一处风景绝佳之处。基督教宣道会在山上建有教堂，天主教在山上建起"修士楼"（今仍存），李鸿章之子李经方也在山上建起一幢三层红砖洋楼，名叫李漱兰堂。1925年5月，芜湖5所教会学校爆发了一场声势浩大的学潮，学生提出"收回教育权，反对奴化教育"主张，许多学生愤然从教会学校退学。为了解决这些学生的读书问题，是年8月，宫乔岩、李克农、钱杏邨等出面租借李漱兰堂，创办民生中学。民生中学以"陶成坚洁人格，激发国家观念"为办学宗旨，是当时许多热血青年向往的地方。1928年1月，被安

徽省当局解散。但是，它在芜湖教育史和地方革命史上都留下了光辉的一页。

在劳动路北侧、大官山东麓，市政府于1950年建设起解放后芜湖第一个居民新村——模范新村（后来改名为劳动新村），新村中清一色的二层砖木结构楼房，整齐有序，红砖墙，木地板，宽敞明亮，水电齐全，分配给产业工人中的劳动模范家庭居住。20世纪90年代末，历经半个世纪风雨的劳动新村旧房被先后拆除，代之而起的是一幢幢崭新的楼房，仍然沿用"劳动新村"的名字，见证了劳动的价值与崇高。

1956年，在劳动路与北京路交界处的原十三道门一带发生了翻天覆地的变化，原来的王正鑫客寓等建筑被拆除了，市政府投资，建起一处地方国营综合性大饭店——鸠江饭店，在20世纪80年代之前，鸠江饭店都是芜湖市的地标性建筑之一。

在劳动路南侧月牙山下，曾经有两家重要单位——芜湖人民广播电台和芜湖华侨皮鞋厂。

芜湖人民广播电台于1958年7月重建时，台址和发射台就设在劳动路35号的一个院落里；1963年，改为转播台；1980年下半年，恢复重建芜湖人民广播电台；21世纪初，芜湖广电大厦落成，芜湖人民广播电台迁移出劳动路。

劳动路71号，是芜湖华侨皮鞋厂。该厂曾使用"牡丹""腾达""金鹿""金叶"等商标，所产产品被评为省信得过产品，多次在全省、全国质量评比中获奖。1985年，该厂职工总数超过千人，出口创汇180万美元，被安徽省人民政府授予"出口创汇先进企业"。进入20世纪90年代，该厂改制后，逐渐淡出了人们的视野。

如今，昔日的劳动路已经发生了翻天覆地的变化。2001年9月20日，在劳动路北侧原芜宁铁路一段废弃路基上，建成一条长666米的凤凰美食街，与原劳动路相交。2005年12月，世界500强企业之一的"沃尔玛"安徽第一店落户在原劳动路与原芜纺路交界处，生意一度红红火火，但是，在市场经济大潮的冲击下，最终也黯然退出市场。2012年12月，在银湖南路与中山北路交叉口建起一座人行天桥，净空高度大于5米，在天桥上下布置绿化和亮化设施，令人赏心悦目，成为一道亮丽的风景。劳动路两旁，先后建起电力大厦、侨鸿大厦、徽商财富大厦、八佰伴大厦……人们不断谱写着劳动创造奇迹的新篇章。

原劳动路（2000年改名为"中山北路"）

（刘传汉）

北京路上曾有个王正鑫客寓

鸠江饭店，静观芜湖核心商圈的朝朝暮暮已有68个年头了。如果追根溯源，则可以将其生命的年轮扩大至民国初年。所有的这一切，还要从一个地名说起……

在芜湖众多的老地名中，其中有一个有点个性——十三道门。据说这里当时建有一幢李鸿章家族的房产，总共有十三道大门，时间久了，十三道门就成了这一带的地名。

1914年，和县人王睿亭跟随母亲定居芜湖，在十三道门边的空地上建起一座客寓，取名"王正鑫客寓"。王正鑫为王睿亭之父，早年过世。或许王睿亭的母亲想以此方式纪念丈夫。客寓，是旧时人们对兼设旅馆的小饭店的一种雅称。

一份1953年10月芜湖市人民政府颁发的土地房屋所有证，将70多年前的王正鑫客寓带到了我们的眼前：王正鑫客寓有"瓦平房肆间"，占地"壹分叁厘"。在当年，这是一家不大不小的饭店。谁也不会想到，在此后的百余年间，这里一直是餐饮服务业蓬勃发展的重要见证者。"民国二十六年（1937年），我乃离开芜湖，率家人逃离他乡历数月，生活无着。二十七年（1938年）八月间回到芜湖，整理本店恢复营业。二十八年（1939年）日本令各行业组织公会，我客寓相继组织同业公会。是时同业同仁因我经营客寓二十余年，乃推我为公会理事长。三十四年（1945年）日寇投降，国民党反动派来芜，各行业又改组，我辞去理事长职务，为会员。三十五年（1946年）詹保全问生意如何，我对他说营业清淡。他说现在有大生公司招股，并说像你们小生意可以入股，日后经济有周转，就是借贷人，利息很轻微。当时叫我做十股，我因无钱只做五股。当时不给收据，后送来皖南工作证并任第二分队队长。三十六年（1947年）春间，又叫我加股东，我拒绝不加。他就将皖南工作证收回。由此，断绝关系。三十七年（1948年）同业第二届选举又公推我为候补理事，同年地方组织永清救火会推我为监事，这是我一直到现在的具体情况。"（20世纪50年代初王睿亭在《商业开业复业调查表》"经理人具体情况"一栏中亲笔所填）根据这份材料可知，王正鑫客寓，在20世纪三四十年代，已经是芜湖市颇有些名气的一家饭店了。王睿亭也不只是一位饭店老板，他已经成为当时芜湖客寓业同业公会的主要负责人。

据1993年版《芜湖市志》记载："解放初期，芜湖约有旅社客寓110家……旅社业分为王正鑫、万福、大方、吉和街、三春、中南、迎江、二街、正大、玉成等10个核算点。"熟悉芜湖饮服业的人都知道，上述这些核算点，都是当时在芜湖有着举足轻重地位的餐饮门店。王正鑫客寓能排在第一位，由此可见其在业内的分量。

随着业务不断扩大，1953年王睿亭准备扩大店面，于是他联合了周边的南洋饭店、华北公寓等几家饭店，准备以芜湖客寓业同业公会名义，在十三道门建造一座较大的饭店。未等实施，1955年公私合营，王睿亭积极响应国家号召，参加公私合营。

1955年，随着鸠江饭店建设摆上议事日程，王正鑫客寓于次年被拆除，原址上建起我市新中国成立后的第一家地方国营综合性大饭店——鸠江饭店。

　　鸠江饭店施工伊始，是以"芜湖"二字暂且命名的，之所以易名为"鸠江"，很有可能受王睿亭的客寓经历所影响。鸠江饭店资料室收藏有一份 1955 年 5 月王正鑫客寓所写旅客留存在该店里物品的清单，在这份清单上，清楚地盖有一枚"芜湖王记鸠江饭店便章"，以后饭店建立营业时，即以"鸠江饭店"面世，并正式定名在芜湖市人民委员会的文件上。

（郭　青）

鸠江饭店建立始末

鸠江饭店位于中山北路与北京西路交界处，这里一直是芜湖主城区的核心商圈。昔日，它与芜湖百货大楼、工人俱乐部、大众电影院、市百货一店等建筑共同拼接出芜湖当代商业版图的雏形。随着时代演变，其他建筑从我们身边悄然消失，只有鸠江饭店，历经60多年岁月，仍在见证着这座城市商业的发展。

1955年初，随着北京路、劳动路（今中山北路）、吉和街、新市口等大规模拓宽，城市面貌已经发生了翻天覆地的变化，建造一座地方国营综合性大饭店被提上了议事日程，鸠江饭店筹备处就在此背景下成立，市交际处处长徐锡麟任筹备处主任，店址就选在十三道门，也就是王正鑫客寓所在地及其周边地区。

建造这样一座大型饭店，在当时是一件很重要的事情，为此，1956年1月5日还专门呈送了《安徽省芜湖市人民委员会关于我市新建芜湖饭店征用土地拆迁房的问题的报告》，报告中有一段这样的文字："该基地（即鸠江饭店拟占用的地块，编者注）范围内计需拆迁居民房屋147户，我会除已批准该处先行拆迁45户作为堆放材料及施工准备外，尚有102户急待拆迁……"如此大的拆迁量，当年建造鸠江饭店的工作量有多么大也就可想而知了。这时，王睿亭因为熟

悉业务，本身又是一名技艺精湛的厨师，于 1956 年 9 月 27 日被调入鸠江饭店工作，他的正鑫小笼汤包、一口酥卷等技艺，也被带进鸠江饭店，并一直传承至今。

1956 年 11 月，鸠江饭店开始试营业，时任安徽省副省长、著名书法家张恺帆为鸠江饭店题写店名"鸠江饭店"。1957 年 7 月，市交际处处长徐锡麟兼任鸠江饭店经理。1957 年 10 月 1 日鸠江饭店正式对外营业。饭店开业时，有客房 228 间，床位 553 张。从开业起，一直到 20 世纪 90 年代初，是鸠江饭店最为辉煌的时候，市委、市政府的许多大型会议都安排在此举行。特别是 1959 年 10 月 1 日，为庆祝新中国成立 10 周年，市里在鸠江饭店门口搭起一座规模很大的观礼台，有 10 万人参加，盛况空前。当时包括《芜湖日报》在内的许多省市新闻媒体对此做了报道。

1966 年 5 月至 1972 年 5 月，鸠江饭店更名为"东方红饭店"。1972 年 5 月以后，恢复"鸠江饭店"店名，此后一直沿用至今。

说起店名的变更，还有一个尘封多年的小秘密：鸠江饭店在筹建之初，有关方面给这家饭店起的名字并不是鸠江饭店，而是另外一个名字——芜湖饭店。

翻看 1956 年筹建之初的档案材料，1956 年 1 月 5 日呈送的《安徽省芜湖市人民委员会关于我市新建芜湖饭店征用土地拆迁房的问题的报告》，芜湖市城市建设局设计室 1956 年所绘的 20 余份设计图纸等，店名均标注为"芜湖饭店"。至于何时改为鸠江饭店的，目前还没有确切的文字记载。不过，一份 1956 年鸠江饭店地块拆迁户袁庆明、袁耀群联名手书的"鸠江饭店筹备处房屋拆迁补偿款领条"，似乎可以佐证芜湖饭店改名为鸠江饭店的大致时间。由于年代久远，这份收条的文字已经有些模糊，依稀可辨认出"兹领到鸠江饭店筹备处收购十三道门一号全部房屋价款人民币壹仟伍佰伍拾元整"，落款时间为 1956 年 12 月 18 日。据此可知，鸠江饭店之名，最迟在这时已经基本确定下来了。后取芜湖古名"鸠兹"及濒临长江之意，故定名鸠江饭店。

1957年9月27日《安徽省芜湖市人民委员会关于鸠江饭店名称及组织机构等问题的批复》："饭店名称定名为地方国营芜湖市鸠江饭店。"此时距离饭店正式开业仅剩4天时间，至此，鸠江饭店这个店名算是尘埃落定。

经过60多年的不断发展，鸠江饭店始终保持着青春的活力，如今在餐饮服务业中依然有着重要地位。2014年12月，鸠江饭店荣获"安徽省著名商标"称号，同时荣获"安徽省老字号"和"五叶级中国绿色饭店"称号。2021年12月，荣获"国家五钻级酒家"称号。2023年5月，该饭店在传统工艺基础上发展形成的"鸠帮菜"被列入芜湖市非物质文化遗产保护项目。2024年2月，荣获"中华老字号"称号。鸠江饭店负责人表示，鸠江饭店的品牌是一代一代"鸠江人"奋斗来的，对于这份来之不易的荣誉，他们将会倍加珍惜，精心守护，把握时代发展趋势进行新的规划，积极传承中华老字号名店的优良传统，努力打造鸠江饭店更加璀璨的明天。

（郭　青）

市交际处和鸠江饭店的关系

交际处是我党在延安时期开始建立的办事机构，来访者都由交际处负责接待。

1949年后，各地仍然保留这一机构。芜湖市交际处的第一任处长是徐锡麟，他是浙江湖州长兴人。

新中国成立后，芜湖作为安徽最发达的城市，接待任务非常繁重，除了接待外国友人、上级领导视察，还有接连不断的各种党政大型会议。但是芜湖没有一个像样的大型的住宿、餐饮接待场所。1955年，芜湖市人民委员会向安徽省人民委员会打报告，请求建立一座规模较大、规格较高的大饭店，安徽省人民委员会当即批复同意。芜湖市人民委员会任命交际处处长徐锡麟担任鸠江饭店（当时饭店的设计图纸标注为芜湖饭店）筹备组组长。鸠江饭店建设前期的拆迁、堆料场征用、规划设计、建材的购买调配、施工安排等，都是由市交际处处长徐锡麟亲自抓的。经过一年多的建设，鸠江饭店于1957年10月1日正式对外营业。芜湖市交际处也搬到鸠江饭店办公。

因此，建立鸠江饭店部分原因是为满足当时芜湖市政府的接待需要，鸠江饭店是市交际处直属实体单位，是当时安徽省第一家地方国营综合性大饭店。鸠江饭店正式营业之后，与铁山宾馆一起承担了芜湖市所有的重大接待任务，曾经接待过毛泽东、朱德、刘少奇、胡耀邦、聂荣臻等党和国家领导人，市委、市政府、市政协等召开的各种会议，安徽省，乃至全国性的许多大型会议都在此召开，还有各种订货会、展览会等也在此召开，鸠江饭店生意火爆，一直持续到20世纪90年代初。

（张　清）

百年历史　四个时期

中华老字号鸠江饭店始创于 1914 年，距今已有 110 年的历史，它是安徽省唯一在原址持续经营的百年老店。鸠江饭店 110 年的发展历史，可以概括为以下四个时期。

一、品牌起源期（1914—1956 年）

民国初期的芜湖，商贸繁荣，餐饮服务业兴旺发达，各种饭店、客寓（旅馆）遍及全市大街小巷，尤以十三道门最为集中。1914 年和县人李氏携子王睿亭到芜湖十三道门创建王正鑫客寓。1932 年王睿亭继承母业接手王正鑫客寓，他苦心经营，并拜芜湖名厨王荣余为师学习厨艺，因经营有方，价格公道，又有一手烹制鸠帮菜的绝活，生意颇为兴隆，曾被推选为芜湖市旅栈商业同业公会会长。1955 年王睿亭积极响应政府号召进行公私合营。1956 年初，经安徽省人民委员会批准，芜湖市政府将北京路以北、中山路以西十三道门一带15.18 亩土地征用，建立了一座地方国营综合性大饭店。王睿亭因有管理经验和烹饪手艺，被吸纳为鸠江饭店员工，将"鸠帮菜"烹饪技艺带进鸠江饭店，并传授给贾宇江等徒弟，后历经五代传承至今。

二、辉煌鼎盛期（1956—1995年）

1956年11月，鸠江饭店主楼建成并试营业，数月后饭店辅助设施全部竣工，为迎接国庆，突出社会主义建设成就，在1957年10月1日正式营业。时任安徽省副省长、全国著名书法家张恺帆题写店名。市政府十分重视开业仪式，在新落成的鸠江饭店门前搭起一座主席台，省、市领导都到会祝贺。

（1）饭店规模。开业后的鸠江饭店是当时安徽省第一家地方国营综合性大饭店，内设客房部、饮食部、浴室、理发室、医务室、总机房、收发室、小卖部、幼儿园等9个部门。有客房228间，床位553张，在当时其规模之大、档次之高、功能之齐全，在安徽省乃至全国都位列前茅。饭店内的服务人员、厨师等员工都是从全省各个单位遴选而来的。饭店配备有中、高档客房和普通客房，以满足顾客的不同需要。

20世纪鸠江饭店小卖部

20世纪鸠江饭店理发室

（2）重要接待。鸠江饭店先后接待过毛泽东、朱德、刘少奇、胡耀邦、聂荣臻等党和国家领导人，也接待过越南国家主席胡志明、苏联驻华大使尤金，以

及朝鲜、越南、罗马尼亚、塞尔维亚、波兰等诸多国际友人。

因鸠江饭店名气大、档次高、服务佳，每天顾客如潮。

三、短暂困难期（1995—2000 年）

20世纪90年代中后期，随着市场经济的进一步放开，酒店旅馆业对外开放，大量星级酒店、连锁酒店和私人旅店出现，鸠江饭店由于人员冗余，设备、设施陈旧，企业经营一度陷入困难，几乎处于半瘫痪状态，经营找不到方向，员工离岗、待岗，员工生活得不到保障，干部人心涣散，对饭店前途担忧，丧失信心。至2000年年底，鸠江饭店处于短暂的困难期。

四、跨越发展期（2000 年至今）

2000年，时任市商业局计财科科长汪世和临危受命，担任鸠江饭店总经理，他带领新的领导班子，面对市场变化，提出"改革、稳定、发展"六字方针，经过奋力拼搏，多年亏损的企业逐步走上了健康发展的轨道。鸠江饭店不仅在大浪淘沙中没有被淘汰，反而激流勇进，异峰崛起。

鸠江饭店不仅是安徽饭店业的坐标，也是全国饭店业国企改制成功的典范。2003年12月，汪世和应邀参加第三届新世纪中国改革人物暨改革论坛代表大会，受到国家领导人的亲切接见。

近年来，饭店设施不断进行升级改造，提升了顾客的住店感受，同时引进现代管理体系，建立符合自身企业特点的各项管理制度，服务质量、服务水平得到较大提升。

2010年，为了传承鸠帮菜传统技艺，饭店邀请烹饪大师、大学教授、美食专家、国家中药材技艺传承人等，成立了芜湖市鸠帮菜研究班子，陆续推出了"鸠帮菜"系列菜品109道。"鸠帮菜"传承人汪世和长期执着于对鸠芗菜进行系统研究，在全国首次提出以"色、香、味、型、器、质、意、养"八字为菜品制作标准，提升了每道菜的品质，体现了匠人匠心精神。鸠帮菜已被列入芜湖市非物质文化遗产保护项目。

2020年，鸠江饭店成立新的产品研发部门，开发了真空包装卤菜系列、牛肉酱礼盒系列、糕点伴手礼系列、"文创衍生品"等产品，并对线上销售、直播带货等做了大胆尝试。2022年，鸠江饭店注册成立芜湖市鸠帮菜研究院。

目前，鸠帮菜研究院正大胆设想，使用繁昌窑的瓷器做容器，用芜湖铁画做装饰，将鸠帮菜、繁昌窑、芜湖铁画三个非物质文化遗产完美融合，为美食爱好者呈现一桌充满芜湖地方文化气息的匠心独运的盛宴。

砥砺耕耘二十多年，鸠江饭店在企业管理和产品创新上取得了颇多成就。特别是在鸠帮菜的传承、创研上取得了社会和行业的认可，也因此荣获"中华老字号""安徽省著名商标""安徽名牌""五叶级中国绿色饭店""国家五钻级酒家""政府质量奖""皖美品牌"等诸多称号和奖项。

如今的鸠江饭店再次成为芜湖市政府指定接待单位，初步成为一家有自己文化特色、产品特色，有较强创新能力、发展潜力的新型企业。

（张　清）

广场往事

鸠江饭店广场形成始末

在芜湖所有的广场中，鸠江饭店广场无疑是个很特殊的存在。这里明明是一个很规范的广场，但在芜湖人的口中，却从来没有称之为广场，而是习惯直接称之为鸠江饭店。就连在附近停靠的公交车站点，也是如此。也许，鸠江饭店在芜湖人心目中太过重要、太过亲切了。

鸠江饭店广场的历史，其实要比鸠江饭店长许多。20世纪20年代末，随着北平路、大马路、春安路等道路的逐渐建成，在这几条道路的交会处，自然而然地形成了一个小型的广场，因为此前这里有一个十三道门，历史上曾把这一开阔地带称为十三道门广场。由于这个广场位于当时城郊接合部，人员流动性比较大，因此旅店业、人力车等行业比较兴盛。在芜湖近代革命史上，鸠江饭店也是一个颇为重要的角色，1923年全市反"曹锟贿选"运动、1925年纪念孙中山逝世大会、1925年声援五卅运动游行示威等均在此进行。

新中国成立后，北平路易名为北京路。在1957年北京路改建为水泥混凝土路面时，鸠江饭店广场的改扩工程也随之进行。《芜湖市政建设志》记载："在劳动路、中山路会合之处，修建直径28米的园场，外围为宽4米的水泥混凝土面层，园场中心直径20米铺砌梯形

20世纪50年代鸠江饭店广场改拓工程进行中

水泥块，形成线条整齐美观的扇形图案。1985年改建为现场浇制的水泥混凝土园场。"在鸠江饭店建成以后，人们才以建筑为名，称之为鸠江饭店广场。

鸠江饭店广场的建成，是当时芜湖人民政治生活中的一件大事。该广场建成以后，立即成为芜湖一地群众活动的重要场所，是许多重大活动的首选之地。

（郭　青）

1919年芜湖响应五四运动

芜湖是安徽省第一个响应五四运动的城市。

1919年5月5日凌晨，北京学生运动的电报传到芜湖《皖江日报》社。该报副刊编辑郝耕仁将电报火速送给高语罕。高语罕立刻喊起还在睡梦中的学生，要求大家响应北京学生运动，并安排学生四处联络，自己则留在学校和刘希平联系全市教师，在学校公开演讲。

5月7日，芜湖各校学生走上街头，先后在十三道门广场（今鸠江饭店广场）、长街散发传单、发表演讲，组织市民参与运动。各校学生到长街各家商店挨个劝告抵制日货，为达到抵制日货的目的，有的学生向商人苦苦劝告，商人们深受感动。

学生们还在十三道门广场向人力车夫宣传五四运动的意义，激起了人力车夫的共鸣和支持。

5月12日下午，芜湖教育会召开特别大会。高语罕发表了组织国民大会的意见。5月17日，芜湖总商会召集各商董召开特别大会，当天，该会向北洋政府大总统、外交部、农商部发出电文，要求"誓死力争，还我青岛"，以顺民意。

6月1日下午，芜湖中学以上的各校学生在凤凰山萃文中学聚

集，召开芜湖学生联合会成立大会。6月7日，《芜湖学生联合会宣言》在《时报》上正式发表。

6月4日，芜湖各校学生2000多人利用芜湖各业代表在商会开会之际，集中到商会请愿，向商会提出封存日货、不卖日货、提倡国货等要求，并要求官僚资本家、芜湖总商会会长汤善福带头签字，学生的要求遭到商会拒绝，双方对峙了三个多小时，商会方面才签字。

迫于全国人民斗争的巨大压力，6月10日，北洋政府释放了被捕学生，宣布罢免亲日派官员。6月28日，中国代表拒绝出席巴黎和会的签字仪式，标志着五四运动取得了重大的阶段性胜利。同时，部分芜湖爱国商人仍然没有停止抵制日货的行动，继续将这场斗争坚持了数月之久，表现出了他们巨大的爱国热情和坚持不懈的斗争精神。

（范守义）

《新青年》"劳动节纪念号"

《芜湖劳动状况》
和《白话书信》的诞生

近代芜湖的无产阶级，除了产业工人，还包括靠出卖劳动力谋生的手工业者，从事苦力劳动的搬运工人、农业雇工等。根据1920年高语罕的调查，芜湖人力车夫约有2000人，扛米（含砻坊、碾米业）工2000多人，理发工1200多人，厨工600人，木工1000多人，此外，还有建筑工、挑夫、铁工、制皂工等至少有1000人。这些社会底层的劳工苦力与产业工人加起来约有10000人（不含商店店员），约占当时城区总人口的1/10。其中芜湖人力车夫，大多数停靠在十三道门广场和东门铁路埂上。这里经常有社会调查者高语罕及其学生的身影。

《芜湖劳动状况》从表象上看，它只是一份在国内较早发表的有关劳工群体状况的社会调查。但实际上它是芜湖历史上第一份为底层劳苦大众公开发声的报告文章。与其说它只是篇文章倒不如说它是一篇檄文，为广大劳工呐喊，更是劳苦民众对当时腐朽专制统治的控诉。文章一经发表，立刻在国内引起了很大反响，它不仅是关于城市劳动人民的调查报告，还是一份动员令，一份让劳动人民团结起来争取平等的生存权、教育权和幸福生活权的号召书。

说到《芜湖劳动状况》，就不得不说说它与"商业夜校""平民

学校"及《白话书信》之间的关系。1918年，刘希平、高语罕等就倡议在芜湖创办商业夜校，吸收青年店员和学徒工入学，接受教育，以提高他们的文化水平。1919年12月中旬，为满足芜湖一部分爱国商人和店员接受教育的要求，高语罕、刘希平等人在长街三圣坊巷内的"徽州公学"创办了商业夜校，由刘希平、佘小宋、王岳庐、时绍五等人担任教师。学校设置簿记、国文、科学常识、算术、商业理论等课程。但是，学校因经费无着落、教员缺乏、生源不稳定等于1920年下半年解散。

这期间，刘希平、高语罕等人还创办了平民学校。平民学校的经费主要由明远电灯有限公司经理吴兴周、芜湖商会崔祥鸠和芜湖科学图书社汪孟邹等人募捐而来。教师由学生自治会派学生担任，学生主要吸收十三道门广场附近的人力车夫及其子弟、十三道门广场另一侧的明远电灯有限公司的工人及其家属，还有少量裕中纱厂的工人。此外，刘希平、李光炯、卢仲农、朱蕴山等进步知识分子还在芜湖东门外创办了工读职业学校，该校为半工半读性质。高语罕把带领学生调查了解到的芜湖工人的生存状况写成了《芜湖劳动状况》一文，1920年5月1日，发表在《新青年》第七卷第六号"劳动节纪念号"上，详细介绍了当时芜湖劳动界的人员组成、收入、生活、教育等方面的状况，客观地反映了芜湖各业工人劳动时间之长、收入之低和生活困难的处境。

1920年年底，高语罕在《芜湖劳动状况》调查报告的基础上，根据他在芜湖兼办平民学校和商业夜校时编写的教材，经整理，采用书信体和白话文，最终写成《白话书信》，于1921年年初在上海"亚东书局"出版发行。全书包括政治、经济、哲学、伦理、文教、社会与家庭等内容，共106封书信，公开宣传马克思列宁主义和俄国十月革命。《白话书信》出版后，在当时引起较大反响，对安徽及全国新文化运动的发展和引导青年学生信仰马克思主义，起到了一定的促进作用，成为安徽传播马克思主义的第一声。

1920年春，在明远电灯有限公司经理吴兴周、芜湖商会崔祥鸠、芜湖科学图书社汪孟邹等人的赞助下，由刘希平、高语罕、阮仲勉、王肖山、佘小宋发起，在赭山脚下"观音松"建平房15间，开办了"芜湖工读学校"，由佘小宋任学校负责人，吸收工人子弟和失业青年入学，教师由省立五中师生担任，高语罕曾亲自任教并编写教材。其间，闻名全国的《白话书信》就是在此时开始编写，并作为商业夜校的教材之一。值得一提的是，黄埔一期学生、著名的北伐烈士曹渊就是在高语罕的推荐下就读该校的。

在各校进步师生的大力支持和市商界知名商人的赞助下，刘希平、高语罕等人在芜湖创办的工读学校、平民学校和两所商业夜校，让芜湖人力车夫、纱厂工人、商店店员、学徒和贫困家庭的学子接受教育，学生们不仅学到了文化知识，思想认识也发生了很大变化，因此大家对刘希平、高语罕等老师非常钦佩。在以后历次反帝反封建的斗争中，这批学生起到了积极作用。

《芜湖劳动状况》和"商业夜校""平民学校"及《白话书信》之间存在着千丝万缕的联系，它们是相辅相成、相得益彰的。没有"商业夜校""平民学校"的出现，哪来《芜湖劳动状况》的诞生？没有《芜湖劳动状况》这一文章，就不可能有《白话书信》的问世。

（范守义）

芜湖劳伨大会和芜湖劳工会

芜湖劳伨大会和芜湖劳工会是芜湖早期工人运动的一对孪生兄弟。它们是在 1922 年人力车夫大罢工的斗争中诞生的，开创了安徽现代工人运动之先例，值得大书一笔。芜湖劳伨大会就是在十三道门广场正式宣布召开的。

一

芜湖人力车夫大罢工发生在 1922 年 3 月 22 日（见 1922 年 3 月 26、27 日上海《民国日报·觉悟》）。据参加这次大罢工的王持华回忆：3 月某日，省立第二甲种农业学校学生薛卓汉、胡金台、王思（持华）等晚饭后散步到东门铁路埂，看见黄包车车夫三五个一群蹲在地上叹气：日子真过不下去了，行里又加租了。薛、胡二位都是皖北人，与黄包车车夫语音相近，于是与他们坐到一起，细探原因。这才知道车行老板因为警察署增加黄包车牌照税，将原先每辆车的租价由每 12 小时 24 个铜板激增到每 12 小时 38 至 43 个铜板。薛卓汉义愤填膺，当即报告学联，决定予以大力支援。具体办法：一是分区段组织黄包车车夫实行大罢工；二是向教员、学生募捐现金，支持黄包车车夫及其家属两天生活；三是推派代表向芜湖警察署请愿；四是借歌舞台（孙中山当年演说处，现大众影院）召开"芜湖劳伵大会"。

各项办法议定后，薛卓汉、胡金台两名同学深入黄包车车夫中，跟他们一起拉车，并帮助他们组成了10多个小队，推定指挥及联络人，做好一切准备。3月21日，学联代表佘文烈、翟光炽、赵宗汉等和全身黄包车车夫打扮的薛卓汉、胡金台以及100多人赴警察署请愿，提出四点要求：（1）批准借歌舞台开大会；（2）取消增收黄包车牌照税及车行加租；（3）命令车行老板退回已收的新增车租；（4）车行按照原租减少一成。警察署署长徐绍修表示除第二条可予考虑外，其他概不接受，尤其是不准开大会。他说："戒严期间禁止任何集会，你们要开的'劳伵大会'，这样的名称我还从来没有听过，不说别的，就是你们呈文上那个'伵'字，我就没看见过。"这样相持了很久，大家气愤地离开了。

二

第二天清晨，大批人力车工人和学生在东门铁路埂上集会，临时进行混合编排，一队学生，一队工人，前锋和殿军都是学生。一支几千人的队伍，浩浩荡荡地向大会会场歌舞台前进。队前的"芜湖劳伵大会"旗帜，由学联代表翟宗文与人力车工人扛着，大家一路呼喊口号，散发传单，并向围观的市民宣传罢工和开会原因。走到国货路（原叫半边街）出口处得知歌舞台已被军队占领，并贴有军务帮办禁止集会的布告。歌舞台的大门不准人进入。大队人马立刻转向十三道门广场，这里是临时决定的会场，"芜湖劳伵大会"就在这里正式宣布召开。会上，宣读了向警察署提出的四点要求，通过了《芜湖劳伵大会致全国工人电》，并宣布成立"芜湖劳工会"，

发表了《芜湖劳工会宣言》。宣言全文如下：

我们承认，唯劳动者，才能有的吃；我们承认，唯劳动者，才有人权；我们承认，唯劳动者，才能谋人类的幸福；我们承认，唯劳动者，才能负创造社会的责任。

我们是劳动者，我们的"吃"在哪里呢？我们是劳动者，我们的"人权"在哪里呢？我们是劳动者，我们深愧没有谋人类的幸福呵！我们是劳动者，我们惭愧未能负起改造社会的责任呵！

我们如今醒了！我们觉得"吃"被人抢去了！我们觉得"人权"被人剥夺去了！我们觉得，没有吃，没人权，人类的幸福、社会的改造是谈不到的，空肚子做不得事，"巧妇难为无米之炊"，我们已找到"物之主""债之头"了！我们觉得，吃人血的，要人性命的，都屹然立在我们面前。我们要保全我们的血，我们的性命，只有联合起来一法。

我们如今醒了！我们经过了千辛万苦总算被人吃剩的血，联合起来了！我们觉得这是我们的黎明之初，我们更希望有良心的人们帮助我们这种劫后的继续向吃人魔鬼宣战的劳动者，于是不得不郑重地宣言：

1.我们不甘被人剥夺我们的"吃"和"人权"，我们此后，大家联合了，得以保护我们的生命，成全我们的人格了；

2.我们知识太薄弱，能力太小，但我们希望能"造福人类和社会"；

3.我们愿尽力保护我们这个在荆棘丛里生长的小孩！我们的劳工会以至于死，我们希望我们之外的劳动者，一致联合起来啊！

（资料来源：1922年5月1日安庆《评议报社》所出《劳动

在通过《芜湖劳工会宣言》后，人力车夫打扮的薛卓汉讲了话，他说："今天开芜湖劳伽大会，大家看到这个'伽'字了吧，就是动字加个单人旁。加个单人旁嘛，就是告诉我们，这世界上的一切，没有我们劳工就不能推动；加个单人旁嘛，也是要那些当官的、富贵的人要把我们劳工当人看待。这就是'伽'字的含义。"他的话，使人力车夫和围观群众甚感震动，在脑海中留下深刻印象。不久，警察署署长徐绍修被迫答应了劳工会提出的其他要求，斗争取得胜利。

三

以人力车夫为主体、学生为先锋，在十三道门广场，芜湖劳伽大会宣布召开，芜湖劳工会宣布成立，这是安徽现代工人运动史上的创举，在全国工人运动史上也有着重要的地位。斗争之所以取得胜利，前提与原因有三：

（1）芜湖人力车夫反抗压迫和剥削的必然结果。据高语罕《芜湖劳动状况》，芜湖人力车夫当时约有2000人，车子600余辆，统归五六家车行所管。车夫每天所得多则七八百文，少则四五百文，仅够维持一家老小生活。他们吃得很差也很少，"住的房子和猪圈差不多"，"穿的当然是破烂污糟的"，"还有一些山东道上的朋友，没有地方睡，便在人家屋檐下安置他们同我一样可爱、可贵的身体了！"（1920年5月1日《新青年》第七卷第六号"劳动节纪念号"）。与其他行业工人相比，人力车工人所受歧视更多，所受剥削更重，所受压迫更深，一经启蒙，反抗意识和意志也更坚定，这是芜湖劳伽大会召开和芜湖劳工会成立的必要前提。

（2）学生运动与工人运动较好结合的成果。五四运动时期，芜湖学联及各校进步学生就与工人尤其是人力车夫建立了良好关系。五四运动以后，芜湖学联及各校进步学生深入社会，深入工人，以办学的形式与工人及其子女密切联系，灌输反帝反军阀的思想。人力车夫以及芜湖其他部门工人、店员的觉悟提高很快，"工人只有联合起来才有力量""工人力量大如天""工人负改造社会责任"等观念渐渐地在他们头脑中扎下根来。这正是芜湖劳动大会成功召开和芜湖劳工会得以成立的重要原因。

（3）中国共产党和社会主义青年团组织影响的结果。中共"一大"时期的党员高语罕是指导芜湖乃至安徽当时各项运动的导师；中国社会主义青年团组织当时正在芜湖秘密发展团员，建立组织，薛卓汉正是青年团芜湖地方委员会的第一批成员。由此可见中国共产党党团组织在这次斗争中所起的关键作用。

（姚永森）

1923年反"曹锟贿选"运动

1923年6月，曹锟指使其党羽采用各种手段进行"逼宫"，把总统黎元洪逼出北京，为自己上台当总统扫清了道路。但曹锟既想登上总统宝座，又要披上"合法"外衣，于是就以巨款贿赂国会议员选举他当总统。就这样曹锟通过贿选当上了大总统，史称曹锟为"贿选总统"。

曹锟贿选居然成功，全国上下一片哗然。孙中山以大元帅的名义下令讨伐曹锟，全国各地反对曹锟当选的电报如雪片一般飞向北京。

10月5日，曹锟当选为总统，当日傍晚，芜湖《皖江日报》得到曹锟已当选的电讯，当即通知省立五中校长刘希平，刘希平马上召集教务主任王仁峰、训育主任谢季翔、事务主任卢伯荪及其他教员和学生会代表台传岩、詹善良、鲁国士等人召开紧急会议。同时，又派人请第二农业学校校长卢仲农、教务主任沈子修及其他各校代表到校，商议对付办法。

10月7日上午，芜湖教育界在省立第二女子师范学校召开紧急会议，与会代表一致否认贿选总统，拟电痛斥。为争取国际声援，并决定用英文致电各国驻京使团，以求呼应。经研究，学生联合会

决定于10月10日在十三道门广场（今鸠江饭店广场）召开芜湖国民大会，强烈反对曹锟当选，即刻通函各公团，以期一致进行。

为避免学生无辜受戮，10月9日晚，芜湖学生会派代表前往皖南镇守使署（地址在今鸠兹广场），面见军需处处长程绍卿和参谋处祖处长（皆为皖南镇守使王普亲戚），慷慨陈词，晓以大义：明日学生举行反"曹锟贿选"游行，乃爱国义举，务请军队不要干涉，特请二位转告镇守使明察大义，不要徒留后世骂名。程、祖当即表示愿为转达。次日，天尚未明，皖南镇守使王普即下令驻芜军开赴远离市区的东梁山。

10月10日上午8时许，各校学生陆续整队至东门外铁路埂集合，待省立第五中学、第二农业学校、职业华中等校学生到齐后，即整队出发。浩浩荡荡的学生大队奔赴闹市区，行进中，道旁群众驻足，皆拍手欢呼。

大队学生从上长街至洋码头，绕过警察厅，至十三道门广场召开国民大会。会议临时主席、省立五中学生詹善良首先报告开会宗旨。接着，翟大勋、唐道海相继登台演说，号召商界组织商团，工界组织工团，联合起来，罢市、罢税、罢工，不达推翻曹锟之目的决不罢休。演讲不时被雷鸣般的掌声、呼声打断，反"曹锟贿选"运动进入高潮。

芜湖学生反"曹锟贿选"运动因筹划周密，故而声势浩大，影响深远，和上海、杭州反曹斗争同载于中国现代史册。一年以后，贿选总统曹锟狼狈不堪地下台了。

（胡毓骅）

恽代英在芜湖的演说

伟大的革命先行者孙中山先生逝世后，帝国主义者接二连三地制造屠杀中国人民的惨案，终于激起了一场广泛宣传革命的政治运动。这时，中国共产党选派了大批得力干部分赴全国各地领导这场运动。

恽代英应安徽芜湖等地群众团体的邀请，参加了芜湖等地的追悼中山先生大会。1925年4月23日，恽代英到了芜湖，住在芜湖交通旅馆。

4月24日，芜湖各界群众集合于十三道门广场举行追悼大会。恽代英在大会上作了慷慨激昂的演说。很多人痛哭流涕，悼念活动进入高潮，会后举行了游行。恽代英在芜湖期间，还在湖南会馆（原市二十一中）、芜湖第二农校及甲种商业学校作了演说。他的演说每次均长达三个小时。他通过悼念孙中山先生的逝世，揭露自鸦片战争以来帝国主义侵华的罪恶历史。

他号召青年学生起来革命，革外国侵略者的命，革军阀专制政府的命！要进行坚决的斗争，把一切不平等的条约都废除掉。恽代英记忆力惊人，在演讲中，他不用文稿就能列举大量资料和数据，对事情的分析精辟透彻，听众都由衷佩服，甚至连当时芜湖驻军派

恽代英雕像

来弹压的军人和警察也听得屏息凝神。他的演讲也很感人，说到激动处，他在台上声泪俱下，听众在台下小声啜泣，对帝国主义和北洋军阀的仇恨情绪更加强烈了。恽代英的芜湖之行，有力地推动了芜湖革命运动的发展。钱杏邨（又名阿英）在1959年的口述回忆中说：恽代英同志在宣城的活动，特别是在纪念孙中山逝世期间到芜湖各处演说，撒播了革命的种子。

（胡毓骅）

十三道门广场上历史性的一幕

1925年5月30日，日英帝国主义在上海制造了五卅惨案，激起了全国人民的极大义愤。消息传来，芜湖也加入这场反帝爱国运动中，钱杏邨、李克农、宫乔岩等人在这场斗争中崭露头角，并成为芜湖革命运动的新生骨干力量。

6月6日和6月10日全市人民进行了两次示威游行，在十三道门广场举行了大规模的集会。钱杏邨在这两次集会上均发表了慷慨激昂的演说，在反帝斗争中写下了光辉的一页。这场斗争也是第一次国共合作在芜湖的重要成果，在芜湖历史上具有非常重要的作用。

五卅惨案发生后，上海溥益第二纱厂工人李序穆带着《上海工人宣言》到达芜湖。6月2日，芜湖各校学生获悉五卅惨案消息后，立即组织游行示威，在十三道门广场举行集会。李序穆散发《上海工人宣言》，报告上海工人被杀的情形。6月4日下午，芜湖学生联合会召开会议，作出了组织二街演讲，致电外交部与英日严重交涉，

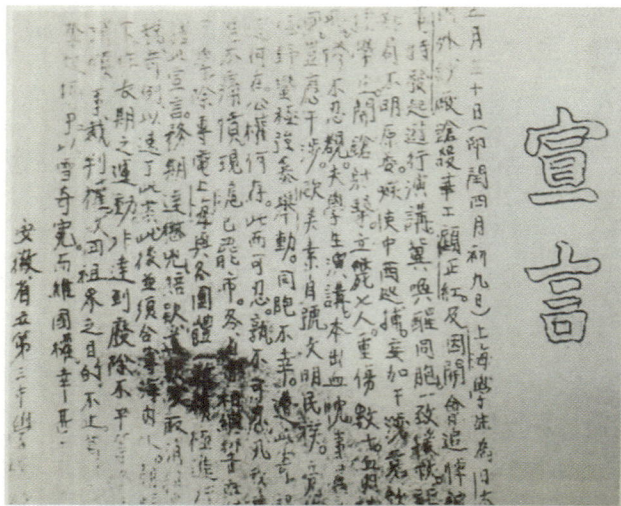

安徽省立第三中学声援五卅运动宣言

要求社会各界参与罢市、罢工、罢课并恢复外交后援会，印刷哀告性启事并散发等四项决议。

6月5日上午，芜湖市各界人士举行了抗议大会。会上决定成立全市统一的反帝机构——芜湖外交后援会。芜湖警察厅获悉后，如临大敌，立即召开各组队长会议，决议派警员出外弹压，并加派人员在各处搜寻梭巡。

反帝示威游行就在这样强烈的弹压之下举行了。6月6日上午，一万多名市民在东门外铁路埂集中后向市区进发。他们手执小旗，上面写惩办凶手、收回租界、取消不平等条约、对英日经济绝交等，沿途高呼口号，道路两旁人山人海。街头巷口，均有演讲员演讲，许多团体分发了传单。

6月9日，英国"重海号"军舰驶入芜湖江面，下碇后，即有二三名水兵登岸向老百姓示威。10日，日本"菱号"军舰急匆匆驶入芜湖江面，耀武扬威。美国"美哈号"军舰也由上海驶来。三国军舰齐聚江城，一时之间形成了紧张局面。

6月10日，发动了芜湖历史上第一次"三罢"斗争。仅有十万余人口的芜湖竟有三万余人参加了游行，参加游行的还有数十名盲人，他们的爱国热忱令人感动。游行队伍抵达十三道门广场举行国民大会，钱杏邨被公推为大会临时主席。在芜湖20余家洋行工作的华人员工也成立了洋务职员工会，表示要用"最文明、最相当之行动，务达惩凶、抚恤、道歉各条件之目的"。

游行队伍由长街经陡门巷、中山路进入市中心的十三道门广场，在十三道门广场举行了国民大会，钱杏邨被公推为大会主席并发表了演说。他列数日英帝国主义对华侵略和制造五卅惨案的罪行，向群众提出了反击日英帝国主义的"三不主义"，即不买英日货、不卖原料给英日两国、不为英日两国雇工，希望群众坚持到底，直到斗争取得完全胜利。这时，全场掌声雷动，经久不息。钱杏邨还义正词严地对英日帝国主义提出要惩凶、赔偿和谢罪的诸项要求，激起了广大市民的同仇敌忾，把集会推向了高潮。最后，大会还宣读了通电，在会场三万余人的鼓掌声中一致通过。

6月30日，芜湖举行了大规模的公祭活动，钱杏邨为主祭，宫乔岩报告沪粤汉诸烈士牺牲经过，参加公祭的人群情激愤。同时，这一天举行总罢业活动。

8月2日上午，在十三道门广场公开焚烧英日货，观众人山人海。宫乔岩作演说，听众无不动容。熊熊烈焰吞没了被查扣的英日货物，体现了芜湖人民无所畏惧的斗争决心。

十三道门广场上反帝爱国集会和钱杏邨等人年轻英勇、对帝国主义坚决斗争的形象，虽然在时空的流变中消失了，但那高扬的爱国精神却长留江城革命斗争史册中，永不磨灭。

（孙栋华　张亦然）

1927年芜湖反票匪陈调元运动

1927年3月7日，北伐军尚未到达芜湖，素以"反正将军"臭名昭著的陈调元察觉到不可逆转的革命形势，他迅速倒戈，被蒋介石任命为国民革命军第37军军长兼安徽省主席。

陈调元在芜湖时常以筹措军饷为名，敲诈勒索，且胃口越来越大，一张口就索要数十万元。芜湖商会难以筹措，陈调元便软硬兼施，纵容他的军队在街头巷尾大造声势，企图威逼商会就范。1927年1月3日晚7时左右，陈调元的骑兵团首先发起兵变。陈调元属下的一个连，当听到北门大街响起枪声时，也冲出营房进行抢劫。士兵洗劫长街时，城中一些地痞流氓、无业游民也趁机拥向长街抢劫。此次抢劫造成两人死亡，遭受抢劫的商户有一千余家，损失达200万元。

1927年4月4日晚，芜湖县知事吴侑在"第一春酒楼"宴请商会会长、银行行长以及各公团的领袖人物。陈调元趁机派出武装士兵40多人，荷枪实弹包围了酒楼，限时5日上午11时交出100万元军饷，穷凶极恶的陈调元还派兵包围了商会，封锁大门，切断商会与外界的联系。后经过交涉，勒索款项降为50万元，商会和银行方面答应次日先付给10万元，陈调元才撤掉包围酒楼的武装。

陈调元的强盗行径，激起了芜湖人民的愤怒反抗。在芜湖市党部、中共芜湖特支的组织领导下，4月6日，全市总罢工行动开始，上午10时，芜湖市、县党部召集地方各团体代表共50余人，在长街"青年会"召开会议。与会代表不仅痛斥陈调元的种种罪行，还通过了由县党部常务委员钱杏邨提出的三项解决办法。

当日下午，大雨如注，"驱逐陈调元大会"在太古码头举行，10万余人参加了游行。游行队伍到达十三道门广场，痛斥陈调元的丑恶行径。学生们在十三道门前表演活报剧，观众如云，口号声震天响。

芜湖人民无所畏惧，空前团结一致的斗争，让自恃手握重兵、气焰嚣张的陈调元败下阵来。4月6日上午，他连商会和银行方面原来答应的10万元也未敢派人来取，就连忙乘船逃离芜湖。驱陈斗争的胜利，创造了大革命时期芜湖革命运动史上的奇迹。

（范守义）

庆祝建国十周年

芜湖市人民政府在鸠江饭店门前广场设立主席台
举行庆祝中华人民共和国成立十周年大会

1959 年 10 月 1 日，芜湖市举行 10 万人大游行，隆重庆祝中华人民共和国成立 10 周年，庆祝大会的观礼台设在北京路和中山路的交会地鸠江饭店广场。鸠江饭店，是当时芜湖繁华地的最高建筑，芜湖市的地标。

高高的观礼台，搭在鸠江饭店门前，高台上红旗招展，悬挂着国旗和毛主席像，周围摆放着一排排怒放的鲜花。就座台前的有芜湖市委领导和驻芜陆海空军领导，气氛庄严喜庆。

为了准备建国 10 周年庆祝活动，全市企事业单位、机关、大中小学、郊区农民等进行了充分准备：扎彩门、备花车，有条件的单位甚至统一着装；中小学生上穿白衬衫，下着黑（蓝）裤子；宣传车上演员们化装游行；企业彩车上布置了标语牌或新产品展示窗口，彩车披红挂彩，喜气洋洋。

　　上午9时整，伴随着宣布庆典开始的号令，鸠江饭店广场上鞭炮齐鸣，军乐队齐奏国歌《义勇军进行曲》。瞬间，万人敬仰，全场肃穆。在秋风吹拂下，各界代表致以热情洋溢的讲话。当游行开始时，千羽和平鸽在蓝天展翅翱翔，彩色气球腾空飞舞，广场上鼓乐声震天，彩旗飘飘。盛大的庆祝队伍有条不紊地走过观礼台前，前导依次是58920厂（造船厂）、芜湖钢铁厂、纺织厂、红旗机床厂、联盟化肥厂等企业的彩车，后有驻芜湖陆海空三军仪仗队，再后有体育、文艺、产业领域人员大军，在各单位标识的引领下，他们呼喊着口号，高举着花束，步伐威武雄壮，口号声响彻云霄，红旗招展，依次走过北京路（今北京西路）、吉和街、新芜路……所到处观者人头攒动。一直到下午2时许，这场激动人心的大游行才结束。

　　如今想起这65年前的盛景，恍如昨日。队伍中各行各业的劳模，胸前佩戴着金光闪闪的奖章；学生队伍中的娃娃们面露喜悦的神色；红光针织厂的女子篮球队队员们，个个身材高挑，亭亭玉立；农民腰鼓队、舞龙队和彩色旱船队在秋阳下翩翩起舞；鸠江公社的女民兵队伍，英姿飒爽，步伐铿锵。队伍中最引人注目的是一辆名为"鸠江"牌的小轿车，它黑色车身，流线型燕尾，这部为国庆献礼的车由江南汽车修理厂制造。当"鸠江"牌小轿车，披红挂彩，缓缓驶过观礼台时，全场掌声雷动，口号声震天。芜湖人自己造的汽车，人们奔走相告，夹道观看。

　　10月1日的夜晚，镜湖上空，火树银花不夜天，湖中小岛上烟花爆竹响于夜空，灿烂的光束与喜悦之情相辉映，环湖人潮涌动，夜深不息。

　　因为有了过去和当下，以后的路才会更加充实和辉煌。历史不容忘记，我们所走过的每一步，哪怕是稚嫩的，都留有刻骨铭心的印记。

（李先明）

1979 年元宵节的"双龙共舞"

党的第十一届三中全会胜利召开的喜讯传到芜湖，芜湖群众欢欣鼓舞。在 1979 年（己未年）的元宵节，芜湖群众举行了盛大的庆祝游行。游行队伍中出现了久违的祈望吉祥的舞龙灯，群众思想得以解放，还开创了芜湖女子舞龙灯的历史。庆祝游行过程中的高潮莫过于出现在鸠江饭店广场上的"双龙共舞"。

舞龙灯是从古代传承下来的一种崇拜龙的民俗活动，已经有数千年的历史。它起源于古人对龙的崇拜，在传统文化中极具象征意义。人们把龙作为吉祥物，在祭祀的时候舞龙，祈祷得到龙的庇佑。

现在，舞龙灯早已不是传统简单的灯笼了，它更像是一种巨型的龙，长度从几米到十几米不等。龙身通常由布料和竹子扎成，而龙头、龙尾和四肢则由竹子和塑料制成。在表演时，表演者可以通过扭腰等动作来操纵龙，使其飞舞、转动或者使龙身摆动，让观众犹如看到一条腾飞的巨龙，营造了一种神秘而又祥和的气氛。在喜庆节日中，如春节、元宵节等，人们便会举办舞龙灯活动，以庆祝团聚。

芜湖 1979 年元宵节的游行队伍中出现了两支龙灯队：一支是由芜湖汽车电机厂青年男子组成的"黄龙队"，另一支是由芜湖赭山大队的青年女子组成的"青龙队"，这也是芜湖有史以来出现的首支女子龙灯队。两支龙灯队在游行过程中，四周里三层、外三层地挤满观众，两旁的鞭炮声响个不停。芜湖的乡俗是爆竹不停，舞龙灯的人不能休息。最后的高潮出现在鸠江饭店广场上。由芜湖赭山大队的青年女子组成的"青龙队"，与由芜湖汽车电机厂的青年男子组成的"黄龙队"相遇，两龙对舞，决一胜负。消息传开，芜湖男女老少纷纷赶来观看，各自为"青龙队"和"黄龙队"助威，庆祝活动进入高潮。后来二龙一齐停舞，不分胜负，并排成两行继续前进，结束了元宵节的游行。

这里顺便提一下另一大喜日子里出现的龙灯舞——1945年庆祝抗战胜利大会中出现的"金龙"和"银龙"。这是由张恒春药号绑扎的两条腾龙，一条叫金龙，一条叫银龙。金龙以鹿茸为龙角，以虎爪为龙爪，以燕窝为龙鳞；银龙也以鹿茸为龙角，以虎爪为龙爪，而不同的是以银耳为龙鳞。在全城庆祝抗战胜利大会之后，张恒春的两条龙在芜湖游行狂舞，一时万人空巷，传为美谈。如今，这两个龙灯腾舞的故事一直在老年人中津津乐道，许多青年男女闻之振奋异常。

（胡毓骅）

回忆鸠江饭店广场夜市

在芜湖，长期以来流传着这么一句话："客到芜湖吃不愁。"这句话的内涵，从表面上来理解，是指芜湖美食众多，品种繁盛，口味丰富，而且价廉物美、老少咸宜，南来北往的旅客都能找到自己熟悉的味道。

但"客到芜湖吃不愁，说的不仅仅是美食，而是芜湖人的热情和大气，还有身为芜湖人的骄傲和自豪"，央视《一城一味》编导手记之"客到芜湖"作出这样的评价。而这个体现"芜湖人的热情和大气，还有身为芜湖人的骄傲和自豪"的场所就在于鸠江饭店广场。

鸠江饭店广场因位于芜湖最热闹繁华的中山路附近，又位于轮船码头和火车站之间而闻名，对于过客而言，通宵达旦都能享受到芜湖特色的美味佳肴，是一件多么令人幸福的事。

鸠江饭店广场夜市兴起于20世纪70年代末80年代初，一开始是每到夜晚，小商贩们在鸠江饭店门前马路旁边临时摆个摊点，主要供应各种小吃，诸如炒面皮、炒年糕、面条、水饺、老鸭汤、鸭血粉丝汤等，这些大众美食价格低廉，其口味更是赢得一片赞赏。

1980年8月29日，芜湖市委、市政府发布了《关于恢复和发展个体工商业若干问题的规定》，这一文件的发布在芜湖引起轩然大波，"傻子瓜子"迎风绽放，成为中国改革开放的报春花，而鸠江饭店广场夜市也在"犹抱琵琶半遮面"的状态下，开始对外运营。

就一开始运营而言，个体、私营业主自由经营，广场处于自由活泼生长状态。1984年5月《人民日报》刊发了《六届人大部分代表光顾王府井夜市》一文，其中有时任中共芜湖市委书记陈光琳的评说："王府井开夜市如何坚持下去，个体户做得好，值得国营商业学习。"时任合肥市委副书记丁之认为："搞好夜市得增加吃的和玩的项目，有了这些才能吸引顾客，夜市至少要延长到晚上十点钟为好。"这直接促进了鸠江饭店广场夜市的迅速发展。

在这以后，鸠江饭店广场夜市开始走向正轨，到了1986年，《人民日报》记者再次踏上芜湖大地时，他的第一感觉是："这次去芜湖市，同5年前给我的印象大不一样。市面更加繁荣，生活也更加方便，特别是'吃'的方面给人留下的印象颇深。在一些大城市，早晨买烧饼、油条要排长队，供应时间也短，而这里从早到晚都可以吃到香喷喷的热烧饼，还有豆浆、粢饭、面条、酒酿圆子等。就是一角八分钱一碗的阳春面，也用小锅煮，还加骨汤、葱花、香料。夜市也很兴旺，市中心卖酒菜、面条、馄饨的小摊一个接一个，盘菜随点随炒。"记者特别指出："近年来，芜湖市的领导充分认识到个体经济在拾遗补阙和解决城乡剩余劳动力中的重要作用，采取果断的措施加以扶持。一是放宽发证的对象。原来对外来户不发证，现在只要当地政府出证明，有经营场地，就发证；原来一家人不能领取相

20世纪90年代鸠江饭店广场夜市

同的行业执照，现在也允许了；原来退休职工不让干，现在只要有单位证明就让干。二是放宽经营范围。允许零售，也允许批发；原来不准长途贩运，不准外地进货，这些限制现在都打破了。在收费上也放宽，对本小利薄的行业免收管理费，减轻商户的负担。目前，市区已有个体工商户7800多户，12000多人，占市区总人口的2.3%，超过历史上个体经济最发达的1956年。"

同时，芜湖市工商局热心开展服务工作。他们首先帮助个体户解决场地困难问题。他们对全市主要马路巷道进行了网点调查，本着不影响交通和市容的原则，对摊位实行"集中和分散相结合，划分大小摊位群"的办法，并制定了《鸠江饭店广场夜市管理办法》。此办法得到市政府批准后，他们又在毗邻鸠江饭店广场的花园街新建了一个小商品市场，此市场能容纳下一百七十个摊位。

随着时代的发展，芜湖鸠江饭店广场夜市逐渐淡出了人们的视野，但并没有消失，如今芜湖大街小巷夜市的身影，那是鸠江饭店广场夜市灯火的延伸和赓续。

（秦建平）

从黄包车到单轨 见证城市巨变

芜湖的中山北路和北京西路交叉处有一座五层建筑，它在一众高大的建筑中独树一帜，有着满满的历史厚重感。这座在1914年成立的王正鑫客寓基础上，于1955年开工建设、1956年11月试营业、1957年10月1日正式营业的建筑，就是芜湖鸠江饭店，是迄今为止安徽唯一百年来仍在原地址营业的大型饭店，可以说，它见证了芜湖的百年变迁。

从建成伊始，中山路一直就是芜湖主城区的核心商圈。但百年前那条大马路，却鲜见机动车，中山先生到大马路向芜湖百姓发表演讲是乘着马车进出的。那时芜湖公共交通除了轿子外基本上是人力车，这

20世纪初芜湖街头的黄包车

种现象一直延续到解放后的一段时间，直到1953年，芜湖市区的人力车仍有240辆。1960年后，脚踏三轮车在芜湖悄然兴起，1966年，芜湖市政府将尚存的138辆人力车折价收购并做报废处理，从而结束了人力车的历史。很快到了1970年，个体脚踏三轮车被政府按质议价收购归集体所有，并逐步置换成机动三轮车，但数量很少。

1953年10月1日，芜湖公共汽车试运营，尽管运营线路只有7.5千米，却标志着芜湖市乃至安徽省真正意义上的市区公共汽车正式诞生。在这以后相当长的一段时间内，芜湖人出行大多依靠公共汽车，也有少部分人有能力购买自行车。

1978年，随着改革开放拉开序幕，个体经济逐步复苏，芜湖的个体三轮车重新出现。1980年，芜湖街头有了出租车的身影，市公共汽车公司购置四辆"上海"牌轿车，三辆"北京130"面包车投放市场，服务市民。1982年，市内的芜湖饭店、鸠江饭店、铁山宾馆的面包车、轿车也开展零星出租业务。但是，相比较如今出门"打的"的平常之举，那个时期，普通市民对出租车是敬而远之的，坐出租车甚至被认为是奢侈之举。也就在那个时期，市区出现了一种私人经营的机动三轮车，因行驶过程中发动机发出"扑扑"的声音，酷似野鸡在飞，被人们戏称为"大雅鸡"。"雅鸡"一词出自上海。因为乘坐"大雅鸡"价格相对便宜，又比乘公交车灵活方便，很快得到市民的认可和青睐，一时，市区满大街都是"扑扑"的"大雅鸡"行驶的声音。

随着改革开放的深入，1985年，芜湖市政府（市政字〔85〕165号文件）批复芜湖市建委，同意成立"芜

20世纪90年代
行驶在鸠江饭店外的"黄面的"

湖市出租车公司"，引进一批天津"夏利"牌面包车，因其颜色大多为明黄色，俗称"黄面的"。这个时期，鸠江饭店外除平常驶过公共汽车外，店前广场上停着等客的黄面的、"大雅鸡"以及少量的出租轿车。1994年秋天，一款名叫"通宝"的出租轿车逐渐取代了黄面的、"大雅鸡"，成为市区出租车的主力。市民们惊喜地看到芜湖人自己制造的轿车行驶在大街小巷。

其实，通宝汽车并不是芜湖制造的第一款汽车。早在1958年，芜湖江南汽车修理厂就制造了一台"江南"牌三轮汽车，尽管只是台纯手工敲打而成、技术也非常不成熟的汽车，但还是在国内引起巨大轰动，芜湖也因此被深深地打上了汽车的烙印。1959年五一劳动节，芜湖江南汽车修理厂再次推出一款自行设计制造的"鸠江"牌轿车，参加全市范围的节日巡游，特别值得纪念的是"鸠江"牌轿车还参加了芜湖市庆祝新中国成立十周年大游行。当年12月，赠送给芜湖艺术学校。然而，随之而来的三年经济困难时期，以及一些特殊的历史原因，使得芜湖汽车工业来去匆匆，很快烟消云散。

然而，芜湖人的造车梦并没有泯灭。20世纪90年代，在省、市政府大力推动下，经过初创时期的种种坎坷，在许多能人志士的共同努力下，1999年12月18日，芜湖人自己研发的又一款汽车诞生了，这辆车牌号000001号的奇瑞汽车，"出'奇'不意，带着瑞气"，经过芜湖鸠江饭店广场，经过大街小巷，给芜湖人带来了惊喜，给芜湖汽车工业带来了希望，也给芜湖汽车工业带来了空前的发展。

近百年来，特别是1949年到今天的75年来，鸠江饭店广场上，从人力车到脚踏三轮车，再到"大雅鸡"；从黄面的到屈指可数的出租小汽车，再到现在广场上各式各样的小轿车。从这些小细节中我们不难发现，芜湖发生了翻天覆地的变化。原先私人拥有汽车这件人们想都不敢想的事，到2021年年底，芜湖私家车已经达到了61.56

万辆。1949年，芜湖市区仅有城市道路18条，且大多是碎石铺就的；而如今，芜湖市人民政府《2022年芜湖市国民经济和社会发展统计公报》显示：全市公路里程达到11317千米。另外，标志着城市现代化进程的芜湖轨道交通也在2021年11月3日开到了鸠江饭店门口。

（叶　裕）

从鸠江饭店广场到鸠兹广场

晚清时期，鸠江饭店的诞生地十三道门及周边地区，东临十五里铺，1906年芜湖明远电灯有限公司兴办于此。1908年12月，一盏盏齐刷刷的电灯照亮了大马路。南面是一条碎石子铺成的土路（今中山路步行街），西面是一条泥沙碎石路，初始名为北平路，路的两旁大都是低矮茅草屋，1951年之后改名为北京路（今北京西路），北面是劳动路。鸠江饭店现位于芜湖市镜湖区北京西路10号。

芜湖鸠江饭店源于1914年的王正鑫客寓，新中国成立初，经安徽省人民委员会批准，在王正鑫客寓的基础上建成安徽省第一家地方国营综合性大饭店。鸠江饭店建于1956年，1957年10月1日正式营业。饭店营业建筑面积9630多平方米。开业前三天，市民自由参观，一时万众瞩目，游人如织。两年后的建国十周年华诞，在饭店门前广场搭起一座观礼台，芜湖市党政军领导和10万芜湖人民一起庆祝，开启了鸠江饭店的红色历程。

当时，作为一条繁华通衢的北京路已大不同前，1957年拓建为混凝土路面，鸠江饭店门前形成了左连工人文化宫，南对镜湖、中山路，右傍北京路的一个方圆数万平方米的广场，人称鸠江饭店广场。这就是鸠江饭店广场的雏形。至此，鸠江饭店既是芜湖市的一

处地标性建筑，又处于中山路、春安路、北京路、劳动路的交会点。可以说，旅客在此住上一宿，感觉风光无限。现如今，周边早已大厦林立，但鸠江饭店作为一家百年来在原址持续经营的老字号，以它独有的魅力，独占鳌头。北京路分为东、中、西三段，横贯芜湖城，绵延 20 余千米。近旁是轨道交通 1、2 号线枢纽站，这里一直是闹市中的黄金宝地。中山路纵贯南北，其中的一段中山路步行街，南北走向，全长 690 米，宽 30 至 40 米，东西纵深 160 至 180 米，是一条集购物、旅游、休闲、文化、餐饮于一体的商业街。这繁华闹市步行街与老字号鸠江饭店相依相伴，共生共荣共发展，这一切都是不可复制的。

芜湖鸠兹广场

鸠江与鸠兹两个古称密不可分，独特的地理位置和交通优势更是相辅相成。鸠江，它曾是古芜湖的代称，而鸠兹缘起公元前 570 年的吴楚之战，存史亦久矣！从鸠江饭店广场到鸠兹广场，也不过 100 多米。这短短的距离，却浓缩了 2500 多年的建城史。因为，站在鸠江饭店广场上，就可以看到鸠兹广场上的"鸠顶泽瑞"青铜雕塑。这座拔地而起的城雕，高达 33 米，重 95 吨，其中的鸠兹鸟振翅欲飞，头顶明珠、傲视苍穹。这座青铜雕塑是中国当代艺术家韩美林设计的。鸠兹雕像寓意芜湖这一古老土地，在建设中国式现代化征途中，已成为一颗冉冉升起的明星。

鸠兹广场占地总面积 6.78 万平方米，原为芜湖市人民政府办公用地。秉承着"人民城市人民建"的理念，1999 年年底，芜湖市委、市政府决定将市政府移址重建，兴建市民休闲广场，造福人民。鸠兹广场现成为广大市民休闲以及来芜湖宾客的观光之地。鸠兹广场位置优越，视野开阔，环竟优美，她承载着悠久的文化历史内涵，是芜湖市中心的一颗璀璨的明珠。鸠兹广场北靠赭山，南临镜湖，具有山色葱翠、波光潋滟、碧水蓝天的神韵。在此，既可以闹中取静，亦可品味芜湖悠久的历史文化。如：文化长廊的一块块建城浮雕，南宋状元、词人张孝祥雕塑，明末清初姑孰画派创始人萧云从雕像，还有步行街临湖广场上革命先行者孙中山的铜像……一路走来，举目皆是名人文化，可以一览芜湖的悠久历史，感受这座城市的古老和辉煌。

（陆成全）

店史留芳

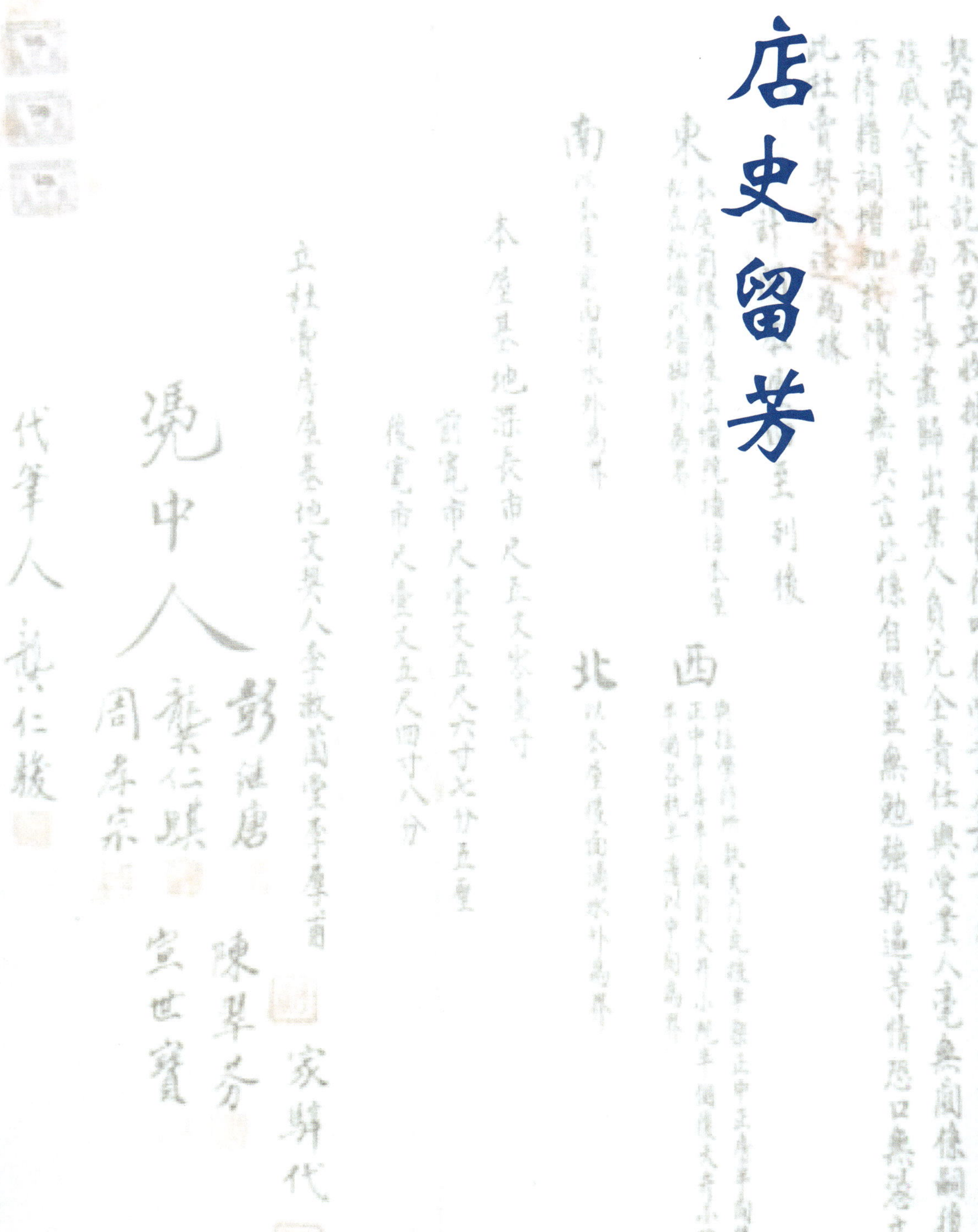

具兩交清訖不另文收據自杜
賣風人等出為干涉畫歸出業人負兌全責任與受業
此杜賣吳永遠為據

南至本屋直滴水外為界

西
北

本屋基地深長南尺正文寬壹寸
前寬市尺壹丈五尺八六寸七妙五釐
後寬市尺壹丈五尺四寸八分

立杜賣房屋基地文契人李敬蘭堂李慶甫

憑中人　彭汪唐　蔡仁琪　周承宗

陳翠芬　宣世寶　家騎代

代筆人　蔡仁駿

调入人民大会堂工作的第一人

鸠兹芜湖，山清水秀，人杰地灵。好山好水好风光，培育出无数优秀的江城儿女，活跃在中华大地，工作在各行各业，朱翠萍就是其中一员。

1958年，已是鸠江饭店优秀服务员的朱翠萍，经过层层选拔，说是万里挑一也不为过，调入人民大会堂工作。喜讯传来，鸠江饭店全体干部职工无不为她感到高兴，这不仅是她个人的荣耀，也是鸠江饭店、芜湖市甚至是安徽省的骄傲。带着长江、青弋江的秀气，带着赭山、赤铸山的灵气，带着镜湖、九莲塘的清澈，带着十里长街的厚重，美

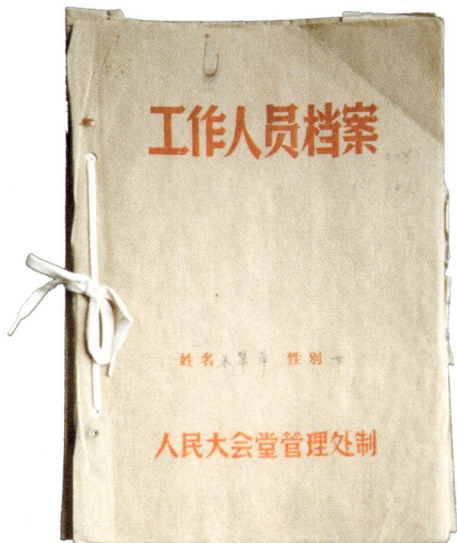

朱翠萍在人民大会堂工作期间的档案

丽大方的朱翠萍去往北京，到人民大会堂工作。她以江南女子特有的温婉细腻，认真做好每一项工作。她轻声细语、温柔体贴、细致

入微的服务很快得到中央领导的一致好评。敬爱的周恩来总理亲切地叫她"阿朱"。

朱翠萍，这位鸠江饭店培养出来的优秀服务员，芜湖调入人民大会堂工作的第一人，是千千万万江城餐饮服务行业的杰出代表。她对待工作兢兢业业、精益求精，她敢于坚持真理，不计较个人得失，完美地诠释了大国工匠的精神内涵。

（叶　裕）

饭店员工中当选省劳模的第一人

鸠江饭店中当选为安徽省劳动模范的第一人是张良勇。

张良勇，男，出生于1939年1月，汉族，安徽省含山县人，中共党员，曾任鸠江饭店副总经理。

张良勇1957年9月入职芜湖市饮食服务业公司耿福兴菜馆，成为一名厨师学员。他参加工作以后，认真学习，追求进步，于1959年4月18日光荣加入中国共产党。他以店为家，具有强烈的事业心和责任心，工作中不怕苦、不怕脏、不怕累，长年累月起早贪黑干工作，有时不分昼夜奋战在工作岗位上。在各项工作中能起到带头作用，并能发挥苦干实干巧干的精神，努力钻研技术，大胆进行技术革新，不断地改良和革新工具，在1959年曾经先后仿制出新式切馍机、扫面袋机、切肉机、切年糕机等工具，减轻了职工的劳动强度，提高了工作效率，为饮食业走向机械化打下了基础。他还积极钻研红案技术。虽然经常开会或因工作到凌晨两三点钟才能睡觉，但他仍然是和大家一道起来工作。

张良勇不仅严格要求自己，在思想上、技术上不断进步，还关心周围人，特别是青年人的进步。他经常说，我一个人的力量是有限的，只有把大家带动起来，才能把工作做得更好。他经常主动热

心地帮助别人做工作。在他的带动下，菜馆青年小组在1959年度工作中发挥了先锋突击作用。夏季，菜馆开展新业务，增添三楼茶点供应时，人手不足，他立即发动全体青年包揽了三楼茶点供应业务，解决了人员不足的困难。在他的带动下，青年小组做到了哪里需要就到哪里去，哪里有困难就支援哪里，出色地发挥了青年的突击队作用。

他不仅能出色完成本职工作，还经常参加单位组织的各种突击活动，主动承担店内的脏活重活累活。他不仅个人生活俭朴，崇尚节俭，在单位也特别注意勤俭节约，从不浪费一滴油、一瓢水、一块煤，处处精打细算，想方设法为企业添砖加瓦，受到单位职工的一致好评，多次被单位评为季度和年度先进生产者。1958年11月，张良勇出席了全国青年积极分子大会，获"青年社会主义建设积极分子"光荣称号。1959年2月，张良勇出席芜湖市工业交通社会主义建设积极分子代表会议；1959年5月，出席芜湖市青年积极分子会议；1959年9月，被共青团芜湖市委、市财贸系统团委、饮食服务业公司团总支分别授予"红旗突击手"称号；1959年10月，参加芜湖专区群英会，受到表彰。

张良勇获得"1960年安徽省工业交通基建财贸方面群英大会"徽章

张良勇于1960年1月参加了芜湖市工业、交通运输、基本建设、财贸方面社会主义建设先进集体和先进生产者代表会议，后来被授予"1960年安徽省工业、交通运输、基本建设、财贸方面社会主义建设先进生产者"（等同于安徽省劳动模范）称号，并作为代表前往合肥，参加1960年安徽省工业、交通运输、基本建设、财贸方面社会主义建设先进集体和先进生产者代表大会（即全省"群英大会"），受到嘉奖，获得"1960年安徽省工业交通基建财贸方面群英大会"徽章一枚，这枚徽章设计精美，用材扎实，做工考究，端庄厚实，具有较高的收藏价值。

（刘传汉）

饭店首位一级服务师

鸠江饭店客房服务始终追求卓越品质，20世纪60年代，鸠江饭店王传芸通过对鸠江饭店前身王正鑫客寓店规的学习，提炼并总结出"八代八有"服务内容，并在全国服务业评比中获得"王传芸服务先进小组"光荣称号。

20世纪90年代在"八代八有"服务内容的基础上，四楼楼层班长杨靖霞在实践中又总结出新的服务内容与服务要求："三声、三先、三带头""四心、四到、五不烦"。"三声"即前厅有人声，问询有答声，离店有别声；"三先"即旅客在先，"请"字在先，问候在先；"三带头"即带头苦干，带头执行制度，带头为旅客着想；"四心"即待客热心，回答问题耐心，接受意见虚心，服务周到细心；"四到"即引领宾客到房，鲜花、水果到房，报刊信件到房，宾客离店打扫整理到房；"五不烦"即宾客存取现金、包裹不烦，宾客问询多不烦，宾客要求多不烦，对生病宾客侍候不烦，妇婴护理不烦。正是这种独特的"人无我有，人有我优"的精湛的服务质量，人性化的服务理念，严谨规范的服务要求，使鸠江饭店在芜湖乃至全省服务行业中力压群芳，名扬大江南北。

杨靖霞，女，1963年7月出生在芜湖一个普通的干部家庭，其母亲在鸠江饭店工作。1981
年，19岁的杨靖霞毕业于
芜湖第三中学，后在芜湖
市供销社下属商店工作。
1983年，其母亲退休，适
逢退休职工子女顶替就业
制度执行阶段，杨靖霞决
定"接班"母亲的工作，

杨靖霞在2001年3月18日接待梅葆玖先生

进入鸠江饭店成为一名客房服务员。她被分到三楼当服务员，上班
后便跟着班长陶有春学做客房服务工作，并成为陶有春的徒弟。当
时陶有春是三楼楼层班长，又是劳动模范，陶班长从房间整理、物
品规范摆放开始，手把手地教，用自己的工作经验教她如何做服务
工作，如何了解顾客的心理需求，如何向客人介绍饭店环境、芜湖
的旅游地点和土特产等。正是师傅的言传身教教会了她如何成为一
位优秀员工。采访杨靖霞时，她说："在鸠江饭店工作的20多年里，
让我感受最深的是，所有的服务员都是我学习的榜样，他们技术过
硬，基本都有10年以上的工作经验，无论是大型会议还是接待重要
来宾，都做到细致入微，服务到位，对我影响特别大；他们视顾客
为家人、真诚待人的服务理念，让我终生难忘。"

　　客房服务员的工作有看得见和看不见两面，看得见的是房间的
设施，房间整洁、干净、无任何卫生死角，看得见的好做，达到眼
睛看不到灰、手摸不到灰的卫生要求不难，难的是看不到的服务顾
客的软要求，即对"八代八有""三声、三先、三带头""四心、四
到、五不烦"服务内容与要求的理解与执行。

　　她还说："至于个人取得的一些工作上的成绩，其实是我的本职
工作，这些荣誉的背后，也少不了师傅、同事们的帮助和鼓励，更
少不了饭店的长期栽培，对我来说，只要是不负鸠江饭店，任何辛

苦都是值得的。"

　　鸠江饭店之所以能长年不衰，缘于店员的服务精神，缘于老师傅们不怕苦不怕累的长期坚持与守护。饭店造就了员工，员工成就了饭店。优秀的店员是饭店的基石，卓越的领导是饭店的主心骨。

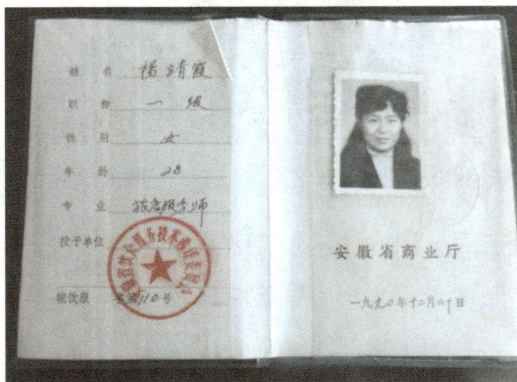

杨靖霞"一级旅店服务师"职称证书

　　杨靖霞自参加工作以来，安心工作，刻苦学习，团结同志，"一专多能"，工作积极，多次受到表扬与奖励。1987年3—7月获得到大连参加商业部饮服局第一期旅店服务员进修班学习的机会。

　　1990年5月，杨靖霞参加在巢湖举行的安徽省饮食服务业技术等级考核，饭店推荐杨靖霞参加"一级服务师"考核。同年7月16日，杨靖霞被安徽省饮食服务技术考评委员会批准为"一级旅店服务师"，成为鸠江饭店历史上首位获得"一级旅店服务师"称号的人。

（范守义）

身兼两职的新四军老战士

说到鸠江饭店就不能不说徐锡麟。

徐锡麟（1911—1991年）是浙江人，解放后担任芜湖市交际处首任处长，1955年在鸠江饭店建设中担任筹备组组长，鸠江饭店第一任经理。

徐锡麟世代耕读，家风甚严。徐锡麟是家里长子，父亲早亡，母亲含辛茹苦拉扯家里兄弟姐妹6人长大。1939年他加入中国共产党，并且介绍弟弟们入党。1940年秋，中共长兴县委以竹园村徐家为立脚点，建

徐锡麟（左五）在鸠江饭店会见外地考察人员

立了党的秘密交通联络站，并以该村为中心点，开辟了一条从浙西驻地到达苏南根据地的水上秘密交通线。他的老宅成为中共长兴县委的秘密联络点。众多新四军战士从这里奔赴苏南抗日前线。1949

年芜湖解放，徐锡麟来到芜湖担任芜湖市交际处处长。徐锡麟的妹妹和其他五兄弟，分别在广州、湖州、南京、上海等地担任不同的领导工作，20世纪八九十年代，兄弟姐妹多次在老家祖屋相聚。

2021年6月，浙江湖州市政府投入资金，在徐锡麟老宅基础上，建成中共长兴县委秘密交通联络站陈列馆，这成为当地重要的红色教育基地。

徐锡麟担任交际处处长期间，受命接待了包括毛泽东、刘少奇、朱德、董必武等在内的多位党和国家领导人，以及外国元首和驻华使节等。他不但是鸠江饭店的筹创者之一，也是芜湖饭店（奥顿酒店）的筹创者之一，为芜湖的旅游、接待事业做出了重要贡献。

（汪世和）

"抹布书记"和"拖把经理"

20世纪70年代中后期，在芜湖市鸠江饭店一提到谷经章，大家都亲切地称他"抹布书记""拖把经理"。为什么在谷经章书记、经理职务前面要加上"抹布""拖把"？是大家调侃他吗？事实并非如此。

谷经章同志是由市委组织部下文任命的，是妥妥的国家干部身份。1976年9月2日，中共芜湖市商业局委员会向鸠江饭店党支部下发通知："接市委组织部组干字〔76〕162号文件，经研究决定，谷经章同志任市鸠江饭店党支部书记、革委会主任。"

按理说，谷经章是市里任命的，鸠江饭店党政工作一担挑，是真正的一把手，他完全可以坐在办公室里听报告、作指示，但是，他把办公地点放在饭店每一个地方，甚至每一个角落。

1931年，谷经章出生在当涂黄池一个农民家庭，其父母去世得早，他在艰难的岁月里顽强地活了下来。他经常对饭店的员工说："我是吃百家饭长大的，劳动人民养育了我，劳动是我的本色，我不能忘了本。"他经常拿着拖把听汇报，抹着桌子解决问题。鸠江饭店总共5层，他层层用拖把拖过；228间客房，他都用抹布抹过；553张床，他张张整理过。不仅如此，在鸠江饭店的大堂内，楼梯上，总是能看到他拿拖把、拿抹布忙碌的身影，他以榜样的力量带领鸠江饭店全体员工出色地完成了上级交给的各项任务。

但是，谷经章并不是顾此失彼，怠慢自己的本职工作，他在担任鸠江饭店党支部书记、革委会主任（经理）期间，带领全店干部职工，认真踏实做好服务工作，饭店里好人好事层出不穷，多次获得顾客称赞表扬，也多次受到上级的表彰。

早在1950年，19岁的谷经章就被上级提拔为干部。多年来，他始终以一个共产党员的标准来要求自己，一直保持劳动人民的本色，时刻把全心全意为人民服务这个宗旨挂在心头。"抹布书记"和"拖把经理"，是鸠江饭店全体干部职工对时刻与普通群众打成一片的谷经章同志的亲切称呼，这普通百姓的口碑，就是对他的最高褒奖。

（叶　裕）

"芜湖工匠"汪世和

2023 年 5 月芜湖市总工会授予鸠江饭店汪世和同志"2022 年芜湖工匠年度人物"称号，这是对汪世和同志勤勉敬业的褒奖，也是对鸠江饭店优良业绩的充分肯定。都说这一荣誉是众望所归、可喜可贺，

汪世和董事长参加表彰大会

但全体鸠江饭店人深知取得这一殊荣背后的奋斗历程的艰难曲折。

鸠江饭店人至今还清楚地记得，20 世纪末，由于市场经济带来的冲击，地方国营鸠江饭店经济效益严重滑坡，到了难以生存的地步，整个鸠江饭店上上下下人心惶惶，不知路在何方。

这时，市委、市政府以及有关部门领导做出决定，指派汪世和同志到鸠江饭店担任领导职务。从此，鸠江饭店这条在市场经济大

潮中颠簸甚至面临倾覆的航船，稳住了舵，升起了帆，探索出了一条属于自己的航程。

汪世和同志到任之初就提出"改革、稳定、发展"六字方针，稳住了大局。随后，他顺应市场变化，把握市场发展方向，狠抓生产改革后公司的内部管理，以管理促效益、促发展。他打破分配平均主义，把职工个人收入与经济效益挂钩，赏罚分明；他确保主营、开拓外部，成功地盘活了所有存量资产。

初见汪世和，很难把这个身材伟岸、相貌儒雅的人同商人联系到一起，他平和从容的气质总给人一种如沐春风的温暖。

众所周知，中国传统菜品是在色、香、味、型、器基础上展现在世人面前的，但汪世和在此基础上，提出增加"质、意、养"的要求，把传统菜品，特别是具有明显地域特征的鸠帮菜带上了一个新的高度。

质、意、养概念的提出并非汪世和一时心血来潮。汪世和从小就刻苦学习书法，冬天双手生了冻疮也没有想过放弃；他在商校读书时，每天早上点亮教室里第一盏灯的是他，每天晚上关闭最后一盏灯的也是他，这为他以后的工作、生活做了充足的知识储备。他师从芜湖著名书画家后其仁先生，潜心学习中国画绘画技艺，为他日后在鸠帮菜造型上的匠心独运打下了坚实的基础。可以这么说，如果汪世和从事美术艺术创作，他一定会取得很高的艺术成就。

汪世和说，越有地域性的就越是民族的，越是民族的就越是世界的。鸠帮菜系列是芜湖地域本帮菜，融合了徽菜、淮扬菜、沪菜的精髓，是沿江菜的代表。还原芜湖本地最真实的口味，打造记忆中的味道，这是汪世和以及他的团队一直追求并为之奋斗的目标。他把中国人骨子里的美学融入菜品当中，精心制作出"麻香翡翠卷""鸠帮吞云海"等一道道其味无穷的菜品，宛如一个个精美的艺术品，让人不忍下箸。

汪世和对食材"质"的要求近乎苛刻，他亲自探访老字号食材、食品名店，深入山区、乡村采购纯天然、无公害食材，严把安全质量关。在"养"方面，目前鸠江饭店根据二十四节气适时推出应时菜肴，以满足食客对"不时不食"的养生需求。此外，他还潜心研究药膳，把食补和药补有机地结合在了一起。

关于鸠帮菜，汪世和总是说，我不是一个人在战斗。作为鸠帮菜第五代传承人，汪世和长期坚持挖掘和传承鸠帮菜菜系，鸠江饭店邀请烹饪大师、大学教授、美食专家、国家中药材技艺传承人等组成研发团队，成功发掘出鸠帮菜菜品109道。经过不懈的努力，鸠江饭店再次成为芜湖市政府指定的接待单位。今天的鸠江饭店不仅是安徽饭店业的坐标，也是全国饭店业国企改制成功的典范。

2023年，电视剧《繁花》风靡全国，鸠江饭店以其独具魅力的装潢、鲜美的鸠帮菜菜品在芜湖乃至周边地区掀起一股怀旧复古风，成为网红打卡地，不能不说这是以汪世和为代表的鸠江饭店人的前瞻性得到了市场的验证。

如今，鸠江饭店这艘舰船在掌舵人汪世和的带领下，直挂云帆济沧海，在汹涌澎湃、变幻莫测的商海中迎风破浪，驶向辉煌灿烂的彼岸。

（叶　裕）

《斛擂》剧组在鸠江饭店

在芜湖，每每提及《斛擂》，总会产生共鸣。尽管时间已经过去将近30年了，但这部剧所产生的影响，所达到的文化高度，所获得的艺术成就，在芜湖，乃至在安徽，依然是艺术巅峰。

该剧以历史上著名的"芜湖教案"为背景，以四大米市之一的芜湖米市为舞台，反映了清光绪年间芜湖斛行为反对英国侵略者控制米市而展开的斗争，塑造了苏月英、赵大江、郑京生等具有鲜明个性的艺术形象。《斛擂》文学剧本发表于1996年第2期《剧本月刊》杂志上。1997年由芜湖市黄梅戏剧团排演，据方志出版社2009年10月版《芜湖市志（1986—2002）》记载："1997年7月，新编大型清装黄梅戏《斛擂》参加安徽省第五届艺术节，获省文化厅颁发的优秀组织奖、演出奖、演员二等奖（王俊兰）、舞美设计二等奖（彭庆明）、道具设计二等奖（刘新庭）、剧本三等奖、优秀演员奖（俞高潮、张典）等。"

此后，1998年12月16日，大型清代黄梅戏《斛擂》在芜湖市和平大戏院隆重开演，近千名观众得以一饱眼福。随即参加"安徽省黄梅戏年"演出，获省文化厅颁发的"优秀剧目奖"。1999年5月，获省委宣传部颁发的"五个一工程"奖。

1999 年 11 月 26 日，《斛擂》剧组受文化部邀请赴京，在长安大戏院展演。2001 年 4 月，该剧获省政府颁发的"繁荣黄梅戏艺术事业贡献奖"。

　　根据舞台剧《斛擂》改编的大型宽银幕立体声黄梅戏故事片《生死擂》由安徽电影制片厂成功摄制，主演由省黄梅戏知名演员担任，市黄梅戏剧团的王林、周志强、潘功庆、王少华、王飞强、吕季民等演员也参加了拍摄。影片获中国电影"金鸡奖"、"最佳戏剧片奖"、中国电影"华表奖"、中宣部"五个一工程"奖。一年之内，连获四项国家级大奖，《斛擂》当年创下的这一纪录，至今在安徽省内仍无人打破。

　　早在作者写出《斛擂》初稿时，就引起了当时芜湖市文化局党委的关注，被认为是一个弘扬爱国主义精神、具有地方文化色彩的戏曲剧本。文学剧本发表后，文化局党委立即调拨人马，成立剧组，组织排演。1998 年初夏，《斛擂》准备赴合肥参加安徽省全省会演，为了给剧组提供一个更好的休息场所，有关方面决定，让剧组成建制入住鸠江饭店，这里交通方便，距离演出地点和平大戏院仅数百米。鸠江饭店在接到任务后，立即组成一个有 20 多人的专门服务团队。据时任芜湖市文化局局长房培陵回忆，当时剧组前前后后在鸠江饭店住了一个多月，由于剧组的经费并不宽裕，所以，当时只有外地演职人员方才住店，具体人员有导演金桐、音乐顾问时白林、主演陈福生等人。1999 年，应文化部邀请，《斛擂》被选进京演出。为了给全国人民献上一份文艺精品，剧组在赴京之前再次进行排练，而鸠江饭店再次被定为剧组的驻地。国家一级导演金桐，国家一级演员张辉、杨俊，国家一级编剧金芝等剧组主要演职人员均居住在鸠江饭店。

　　说到《斛擂》剧组在鸠江饭店的往事，该剧编剧草青（原名许少逸）透露了一段鲜为人知的往事：在剧组入住后，一位演员随身

携带的手表和钱包不慎丢失，鸠江饭店的负责人在得知这一突发情况后，为了稳定演员的演出情绪，在手表和钱包尚未找到的情况下，主动将两件遗失物作价，然后垫资赔付给演员。此举让剧组所有演职人员大为感动。因此，草青认为，《斛擂》演出成功的功劳簿上，不应忘记鸠江饭店在背后所做的默默贡献。

（郭 青）

鸠江饭店与首届旅博会

　　首届中国旅游商品博览交易会于 2000 年 12 月 16 日在安徽省芜湖市召开，1500 多家企业参加，5 万余人前来参观。首次全国性大型旅游商品博览交易会在芜湖广揭开帷幕，来自全国各个省区市，以及美国、日本、澳大利亚等国家和地区的 6000 多名客商参加了开幕式。芜湖市所有的宾馆爆满，许多客商不得不为寻找一个下榻地而烦恼。虽然主展馆的标准展位仅有 833 个，但是主展馆的展台数已突破1000 个，与此同时，中国茶叶交易会和清水苗木花卉展销会的展位数也达到 1500 多个，包括 200 多个国内大型超市在内的从事旅游商品销售的企业也有近千家。买家达到 5000 人次以上，参观和购物的人数超过 5 万人；而且，沿海等地的展商数之多超乎想象，当时有数百家展商无法安排展位。

　　中国（芜湖）旅游商品博览交易会当时是经国务院批准的，而且是我国中西部地区唯一经国家批准的中外旅游商品博览交易会，是国内举办的专业会展之一。这次博览交易会是为了适应我国旅游业快速发展和会展经济及假日经济发展的需要而举办的全国性大型旅游商品博览交易盛会。具有 2500 多年历史的芜湖素有"长江巨埠、皖之中坚"之称，历来为长江沿岸重要的物资集散地。

　　这届旅游商品博览交易会以"国际化、专业化、市场化"为目标，同时凸显红色旅游特点，展示红色旅游精品。投资2.6亿元建成面积达11.5万平方米的旅游商品交易中心用于本会展，场馆面积达6.5万平方米，会展吸引了来自日本、韩国、希腊、新加坡、巴西、加拿大、西班牙以及南美洲南方共同市场等国家和地区的生产厂家和经营客户，充分体现了展会的国际化特色。国内有北京、上海、浙江、江苏、广东、福建、江西、河南、青海、黑龙江、安徽等21个省区市的1000余家厂商参展。

　　参与接待的芜湖鸠江饭店提供一流的服务，饭店员工热情、专业、细致、周到、有礼貌、尊重客人等方面让客商满意、称心。饭店提供干净、整洁、舒适的住宿环境，以及美味、健康的餐饮。同时，饭店员工具备良好的职业素养和服务意识，让客人感到满意和舒适，使他们对芜湖留下了美好的印象。

（张亦然）

鸠江饭店的社会责任

鸠江饭店于 1957 年 10 月 1 日正式营业，是当时安徽省第一家地方国营综合性大饭店，内设客房部、饮食部、浴室、理发室、医务室、总机房、收发室、小卖部、幼儿园等 9 个部门，有客房 228 间，床位 553 张，其规模之大、档次之高、功能之齐全，在当时安徽省乃至全国都屈指可数。

鸠江饭店开业之后，市、省乃至全国性的许多各种大型会议，如党代会、人大会议、政协会议、妇代会都曾经在此召开过。其他还有各种先进单位代表会、劳动模范代表会、积极分子代表会以及各种订货会、展览会，还有"五一""国庆"的庆祝会，都在此举行过。

多年来，鸠江饭店切实覆行社会责任，一直在做富有社会责任感的企业，把共同利益高于一切作为企业精神，把发展经济和履行社会责任有机统一起来，把承担相应的经济、环境和社会责任作为自觉行为，把履行企业社会责任作为提高竞争力的基础，赢得了各级政府、广大消费者和社会各界的认可。

鸠江饭店转变思想观念，积极构建社会责任体系，赢得了声誉，树立了良好形象；产品、服务优质，秉持"真材实料，童叟无欺"

的经营之道，"以客为尊，服务第一"的经营理念，使鸠江饭店的服务质量闻名遐迩。鸠江饭店因此获得"政府质量奖"，饭店掌门人汪世和获"中华老字号华夏工匠奖""'芜湖工匠奖'年度人物"等多项荣誉。

鸠江饭店为地方经济的发展，减轻了部分就业压力，减少了社会不稳定因素，尽到了企业的社会责任。同时，吸纳高校毕业生就业，对入职三年内的高校毕业生提供免费住宿，第四年收取少量水电费。对愿意学习非物质文化遗产项目"鸠帮菜"的大学生，经济上给予补贴。

鸠江饭店还强化科学管理，提供优质客房服务。鸠江饭店建店之初就制定了严格的服务制度和标准。三楼楼层班长王传芸总结出"八代八有"服务内容，并在全国服务业评比中获"王传芸服务先进小组"光荣称号。20世纪90年代，四楼楼层班长杨靖霞又总结出"三声、三先、三带头"和"四心、四到、五不烦"等服务细则。这种"人无我有，人有我优"的独特服务，使得鸠江饭店在服务行业名扬大江南北。

鸠江饭店以人为本，关心职工。公司一贯奉行"以人为本"的管理理念，使职工的个人价值观和企业的价值观统一起来，塑造了以追求品质为核心的企业文化。饭店与职工的劳动合同签订率达到了100%，饭店为职工办理了社会养老保险、失业保险、医疗保险、工伤保险、生育保险等险种，定期组织职工体检，保障了职工的合法权益。饭店对生活困难职工及其家庭积极主动援助，帮助其渡过了难关。饭店发扬"一方有难，八方支援"的优良传统，如慰问芜湖餐饮人士郭春林、刘扣锁、尹保平，看望省劳动模范腾衍寿、张良勇，开展爱心助残"两节"送温暖活动等，展示出了集体的温暖和企业的责任感。

鸠江饭店热衷投身社会公益事业，勇担企业社会责任。2019年在无为沈马村开展贫困户精准帮扶活动，2020年慰问芜湖市镜湖区青山街社区15户贫困户，2021年"暖岗在行动"慰问创易科技公司春节期间留守人员。

鸠江饭店积极参加社会上的抢险救灾和慈善公益活动。2021年鸠江饭店在镜湖水域参与救援行动；2022年鸠江饭店蓝天救援队志愿者参与天门山水库落水车辆的抢救工作；2022年8月11日，鸠江饭店向芜湖市蓝天救援队捐赠了4只救生橡皮艇及相关物资，价值约54000元；鸠江饭店组织老字号企业共同参与慈善公益活动，带动更多爱心人士加入慈善队伍中。

鸠江饭店切实履行着社会责任，一直在做富有社会责任感的企业，受到商业部、安徽省政府嘉奖，多次获得全国、省、市先进集体荣誉称号，获国家酒店酒家评级委员会、省行业协会等表彰共200多次。

（胡毓骅）

鸠江饭店荣誉纵览

　　企业的荣誉称号，反映了企业在不同方面的优秀表现和在不同行业中的领先地位。这些荣誉不仅为企业带来了经济利益，更重要的是提高了企业的知名度，增强了企业的竞争力。因此，企业应该努力获得更多的荣誉，为自身的发展注入新的动力。

　　1979 年 9 月，鸠江饭店获评市先进企事业单位。1980 年，鸠江饭店荣获"安徽省先进单位"称号，省长张劲夫亲笔签发安徽省人民政府嘉奖令。1980 年，鸠江饭店荣获中华人民共和国商业部特别嘉奖。1982 年 5 月，鸠江饭店荣获"安徽省先进集体"称号，《文明礼貌树新风，服务更上一层楼》作为大会先进材料向全省推广。1984 年 3 月，省长王郁昭亲笔签发安徽省人民政府嘉奖令。1985 年 6 月，鸠江饭店荣获"安徽省商业文明单位"称号。1987 年 12 月，安徽省商业厅评定"鸠江饭店"为省特级饭店。1990 年，鸠江饭店荣获"安徽省商业先进单位"、省财贸系统"'创佳、创优'竞赛先进单位"称号。1994 年 4 月，鸠江饭店荣获"芜湖市文明单位"称号。2000 年 1 月，鸠江饭店荣获"国家一级酒店"称号。

　　2001 年，鸠江饭店被评为国家特级饭店。2002 年，鸠江饭店荣获"安徽省餐饮名店"称号。2003 年，鸠江饭店荣获共青团安徽省委、安徽省商务厅"青年文明号"。2003年12月，汪世和董事长参加第三届新世纪中国改革人物暨改革论坛代表大会，受到国家领导人亲切接见。2005年，鸠江饭店荣获"2005年度安徽省消费者放心酒店"称号。2009年，鸠江饭店荣获"百年士凤"杯中式烹饪大赛团体金奖。2010年，共青团中央认定鸠江饭店为"青年就业创业见习基地"。2011年，国家工商总局批准"鸠江饭店"为国家注册商标。2011年，鸠江饭店获芜湖市"鼎湖1876"杯中式烹饪大赛团体金奖。2013年4月，鸠江饭店被芜湖市工商行政管理局认定为"芜湖市知名商标"。2014年12月，鸠江饭店被全国绿色饭店工作委员会、中国饭店协会评为"五叶级中国绿色饭店"，这是中国绿色饭店最高等级。2014年12月，鸠江饭店被安徽省工商行政管理局定为"安徽省著名商标"。2014年12月，鸠江饭店被安徽省商务厅、安徽省商业经济学会认定为"安徽老字号"。2015年2月，鸠江饭店被芜湖市电视台、芜湖市餐饮（烹饪）行业协会评为"芜湖市十佳酒店"。2015年3月，鸠江饭店工程采购部被中国财贸轻纺烟草工会、中国饭店协会评为"全国饭店业绿色节能班组"。2015年4月，鸠江饭店当选安徽省餐饮行业协会副会长单位。2015年6月，鸠江饭店被授予安徽省餐饮行业协会"安徽诚信餐饮企业"。2015年11月，鸠江饭店当选安徽省商业经济学会副会长单位。

2016年12月，鸠江饭店当选中国饭店协会常务理事单位。2017年4月，鸠江饭店荣获"安徽省餐饮文化建设先进单位"。2017年11

月，鸠江饭店被第七届中国徽菜博览会组委会、安徽省餐饮行业协会评为"十佳正餐品牌"。2018年1月，鸠江饭店被安徽省质量技术监督局、安徽省名牌战略推进委员会评为"安徽名牌"。2018年5月，鸠江饭店当选安徽省老字号协会副会长单位。2018年11月，鸠江饭店被评为中国绿色饭店百强。2019年1月，汪世和董事长获中国改革开放40周年安徽老字号杰出贡献人物奖。2020年10月，汪世和董事长荣获商务部颁发的"中华老字号华夏工匠奖"。

2020年，鸠江饭店当选安徽省老字号协会常务副会长单位。2020年12月，鸠江饭店被中华老字号组委会评为"最具影响力品牌"。2021年2月，安徽省文化和旅游厅主办的"安徽美食·百城千味"活动，鸠江饭店的"百子酥肉"被推选为芜湖市招牌菜。2021年12月，鸠江饭店荣获"国家五钻级酒家"称号。2022年10月，芜湖市老字号企业协会成立，汪世和董事长当选首任会长。2023年2月，鸠江饭店荣获"食安安徽"品牌称号。2023年3月，鸠江饭店获得"镜湖区政府质量奖"，并被推荐为"芜湖市政府质量奖"。2023年5月，鸠江饭店鸠帮菜被市政府列入芜湖市非物质文化遗产保护项目。2024年2月，鸠江饭店获全国"中华老字号"荣誉称号。

（胡毓骅）

鸠江饭店荣获"中华老字号"称号

2024年2月，中华人民共和国商务部"中华老字号"评选工作圆满落幕，安徽省芜湖市鸠江饭店荣耀上榜。从此，鸠江饭店店史陈列馆又添了一座沉甸甸的奖杯，鸠江饭店大厅又增加了一块金字招牌，喜讯传来，全体鸠江饭店人无不欢欣鼓舞，喜上眉梢，为鸠江饭店获此殊荣而感到由衷的喜悦。

或许有人说，鸠江饭店本来就是一个老字号，是芜湖市对外接待的一个窗口，荣获"中华老字号"还不是实至名归？殊不知，老字号并非仅仅是开业多年、经营至今的工厂或商店，它涵盖了品牌创立、百姓口碑、社会责任等方方面面。

鸠江饭店一路走来，有过辉煌，也有过低谷，在浩瀚无垠又变幻莫测的商海中，经风历雨，几度浮沉，但它以坚忍不拔的毅力、永不言败的精神傲立潮头，方有今天重振雄风、傲视群雄的辉煌。

110年前的1914年，15岁的安徽和县人王睿亭和母亲来到芜湖创业。当时芜湖商业繁荣，餐饮服务业兴旺发达，各种饭店、旅馆遍布全市大街小巷，尤以十三道门地区最为集中。于是，王睿亭母亲以王睿亭父亲王正鑫之名在芜湖十三道门地区创建了"王正鑫客寓"，从此拉开了"鸠江饭店"百年辉煌的序幕。而从"王正鑫客

寓"到"鸠江饭店",其中历程传奇而曲折。

　　1932年，王睿亭从母亲手中接过"王正鑫客寓"，他拜芜湖名厨王荣余为师，学习厨艺，学得一手鸠帮菜。在他苦心经营下，"王正鑫客寓"价格公道，服务热情，厨艺精湛，在芜湖饭店业中生意最为兴隆，在此期间，王睿亭曾被推选为芜湖市旅栈商业同业公会会长，由此可见，王睿亭和他的"王正鑫客寓"在芜湖旅栈业中举足轻重的地位。

　　1955年，王睿亭积极响应政府号召，公私合营，将"王正鑫客寓"改名为"鸠江饭店"。这是"鸠江饭店"名号第一次出现在公众视野。1956年，为适应社会主义新中国建设发展的需要，提升芜湖市乃至安徽省对外接待的规模和档次，安徽省人民委员会批准建立一座地方国营综合性大饭店，地址就选在王正鑫客寓旧址，以及北京路以北、中山路以西"十三道门"15.18亩的土地上。

　　一年后，主楼5层，东西群楼4层，建筑面积近13750平方米的安徽省首家地方国营综合性大饭店建成并投入运营，王睿亭以丰富的管理经验和精湛的烹饪技艺被吸纳为鸠江饭店员工，他将"王正鑫客寓"店规、鸠帮菜烹饪技艺等毫无保留地带进鸠江饭店，传授给贾宇江等徒弟，传承至今。国营"鸠江饭店"当初拟用"芜湖饭店"名称，但后来考虑到王睿亭在当时芜湖旅栈业中的影响，经过深思熟虑，最终命名为"鸠江饭店"。

　　1957年10月1日，焕然一新、高大气派的鸠江饭店正式营业。从此，芜湖多了一个地标性建筑，芜湖市民心中增添了一份自豪感。正式营业当天，全场欢声雷动。至此，国营鸠江饭店揭开了它神秘的面纱。

　　鸠江饭店是当时安徽省第一家地方国营综合性大饭店，设有9个部门，228间客房，553个床位，规模之大、档次之高、功能之齐全，当时在安徽乃至全国都名列前茅，饭店的服务人员、厨师等都是从全省各单位千挑万选而来的。鸠江饭店配备中、高档客房和普通客房，满足顾客的不同需要，举办过全市、全省乃至全国性的各种大型会议。

鸠江饭店正式营业以后，接待过党和国家重要领导人，也接待过国际友人，并得到广泛一致的好评。当时在很长一段时间内，因为有良好的、优质的配套设备，国内许多艺术家来芜湖首选下榻鸠江饭店。从正式营业到20世纪90年代初，鸠江饭店因其名气大、档次高、服务优，每天顾客往来如潮。

然而，月有阴晴圆缺，海有潮涨潮落。20世纪90年代中后期，随着我国改革开放的不断深入，酒店、旅馆业进一步对外开放，大量星级饭店、连锁酒店以及私人旅馆出现，猛烈冲击着传统酒店、旅馆业市场。

鸠江饭店因机构庞大、人员冗余、设备陈旧老化，特别是经营观念上的落后，不再是一枝独秀，经营陷入困境，甚至到了被市场淘汰、面临出局的边缘。

火车跑得快，全靠车头带。那个时期的鸠江饭店急需一个懂管理、懂经营、善于把握市场脉搏的领头人。2000年，汪世和临危受命，担任鸠江饭店总经理，上任伊始，他首先提出"改革、稳定、发展"六字方针，带领新的领导班子稳住了阵脚。随后，他带领全体鸠江饭店人重拾信心，投身到改革洪流中。他积极开展市场调研，认真应对市场变化，努力开拓，沉着应战，逐步把多年亏损的鸠江饭店带上了良性的、健康的发展轨道。在新的形势下，鸠江饭店用壮士断腕的气魄进行企业改制。企业改制后，鸠江饭店不但没有被市场经济的大潮所吞噬，反而勇立潮头，向死而生，成为安徽饭店

业的坐标，也是全国饭店业国企改制成功的典范。为此，2003年12月，汪世和董事长应邀参加第三届新世纪中国改革人物暨改革论坛代表大会，受到国家领导人亲切接见。

不论是1914年成立的鸠江饭店的前身王正鑫客寓，还是如今的鸠江饭店股份有限公司，鸠江饭店人始终追求卓越品质的精神一直没有丢。"笃行致远 惟实励新"的店训从1963年至今，一直悬挂在鸠江饭店大厅，成为鸠江饭店人励精图治、追求卓越的座右铭。

鸠江饭店现任董事长汪世和多次在不同场合强调："干酒店业，细节很重要，细节决定成败，我们拿什么优于人、强于人、好于人？就是细节。"在这样的理念加持下，鸠江饭店在芜湖乃至全国服务行业中技压群芳，名冠大江南北。

作为鸠江饭店鸠帮菜的第五代传承人，汪世和长期对鸠帮菜有着执着的追求，他对厨师这个职业有着清醒的认识和定位。他认为，一个好的厨师从食材的选购配比开始，就要善于把握各种食材的"性"，从切配、炉台、摆台到菜式的设计要具有创造性，要讲好关于菜品的故事。基于这样的理论，汪世和在全国首先提出以"色、香、味、型、器、质、意、养"八个字为每道菜的标准，匠人匠心，使鸠帮菜整体品质上了一个新台阶。

2011年安徽省商务厅指示鸠江饭店申报"中华老字号"，鸠江饭店立即行动，积极响应，充分准备。但2012年，由于种种原因，"中华老字号"评选工作暂缓进行，鸠江饭店并没有气馁，也没有放弃，更没有等待。他们主动出击，以评选"中华老字号"为契机和动力，在内部掀起申报"中华老字号"的热潮。他们在做好本职工作和服务工作的同时，积极参与社会公益活动，履行社会责任。此外，鸠江饭店还多次向芜湖市蓝天救援队提供捐助，坚持每年慰问餐饮业离退休老人等。

长期以来，鸠江饭店把握市场方向，坚持不懈，努力追求发展，敢于创新，敢于求变，坚持"至善、至精、至诚、至美"的服务理念，适应市场新的变化，把"中华老字号"的精神发扬光大。在做精品上狠下功夫，就像汪世和董事长所说，做人来不得半点虚假，做企业也一样。

咬定青山不放松，践行"四至"始成功。获得"中华老字号"荣誉称号，对鸠江饭店人来说仅仅是开始。沧海横流，方显英雄本色。鸠江饭店正豪迈地行进在不断进取、勇于开拓的征程上，不断践行、传承"中华老字号"的精神，谱写鸠江饭店新的辉煌。

（叶　裕）

饭店服务的创新之路

　　鸠江饭店发展到今天，最重要的一条是坚持创新发展，以管理创新、产品创新、服务创新为抓手，保持企业拥有较强的市场竞争力。一百多年来，鸠江饭店始终追求卓越品质的精神内核一直没有改变。从民国时期的"王正鑫客寓店规"，到解放初，鸠江饭店制定的"鸠江饭店办事规程"，再到1963年悬挂在鸠江饭店大厅的店训"笃行致远，惟实励新"，一直是鸠江饭店人励精图治、追求卓越的座右铭。21世纪初，鸠江饭店根据时代发展的需要，又提出"四至"即"至善、至精、至诚、至美"的服务理念，这是对饭店传统文化不断传承、提炼、完善的结果。

一、客房服务创新

　　20世纪60年代初，鸠江饭店三楼楼层班长王传芸通过对"王正鑫客寓店规"的学习，提炼并总结出"八代八有"服务内容，并在全国服务业评比中获得"王传芸服务先进小组"光荣称号。20世纪90年代，四楼楼层班长杨靖霞在"八代八有"服务内容的基础上又总结出"三声、三先、三带头"和"四心、四到、五不烦"等服务细则。

鸠江饭店在2018年就开始使用机器人为客人送快件、送餐，减少了楼层服务员的使用，降低了饭店用人成本。客房的电器、窗帘等采用声控智能化设备，更符合现代人的居住要求。客房的枕巾、毛巾、浴巾、浴袍、口杯、遥控器等经过消毒后采用真空包装，给顾客以细致入微的服务。

二、餐饮服务创新

鸠江饭店长期执着于鸠帮菜的系统研究，整理、挖掘出100多道"鸠帮菜"菜肴，在全国首次提出以"色、香、味、型、器、质、意、养"八字为每道菜品的标准，体现了匠人匠心精神，使鸠帮菜整体品质上了一个新台阶。坚守食材的绿色环保，谓之"质"；将中国书画和古典美学中所强调的"意境之美"融入菜品，谓之"意"；按时令推出养生菜品，遵循古人"不时不食"的理念，谓之"养"。

鸠帮菜融众家之长，以芜湖当地特产食材为主要原料，以烹调江河湖鲜以及家禽见长，讲究刀工，注意形色，善于用糖调味，擅长红烧、清蒸和烟熏技艺，其菜肴具有酥嫩、鲜醇、清爽、浓香的特色。

鸠江饭店鸠帮菜烹制技艺的传承历经五代大厨（王睿亭、贾宇江、韩道源、张仁信、汪世和），经不断改良优化，发掘出"鸠玖香猪手""百子酥肉""鸠鼎香芙蓉鳜鱼卷""鸠帮香酥鱼"等菜品，受到广大美食爱好者的欢迎。经过多年的努力，鸠江饭店已成为芜湖市餐饮文化一张亮丽的名片。

鸠帮菜是正餐菜品，可以根据客人的需要，定制各种主题宴席，满足客人的个性需求。对在饭店包厢就餐的客人，饭店会在客人的餐巾上，以客人姓名打印上一首寓意吉祥美好的藏头诗，给客人一个意外的惊喜。

对每一桌客人享用的菜品，饭店都要备案，在客人下次就餐时要确保40%的菜品不重样，给客人留下常来常新的感受。

三、经营产品创新

老字号的生命力在于守正创新。鸠江饭店客房设计，除了常规的套房、亲子房、主题房外，还设计了新中式风格的特色VIP房，房间布置有曾经在鸠江饭店下榻的文化名人留下的墨宝，具有浓浓的传统文化韵味。

2010年，饭店掌门人汪世和经过深思熟虑，在挖掘、整理鸠帮菜传统技艺的基础上，邀请了烹饪大师、大学教授、美食专家、国家中药材技艺传承人等，成立了芜湖市鸠帮菜研究班子，陆续推出了"鸠帮菜"系列菜品。

2020年鸠江饭店又开发了真空包装卤菜系列、牛肉酱礼盒系列、糕点伴手礼系列以及文创衍生产品系列等产品，这些产品通过门店销售、线上销售受到欢迎。产品销售到合肥、南京、扬州、镇江、上海、北京等多个城市，一些产品远销美国并受到欢迎。

鸠帮菜已列入芜湖市非物质文化遗产保护项目，正申报省级非物质文化遗产保护项目。芜湖市委、市政府高度重视，将鸠江饭店列为展示地域文化特色的定点接待酒店。"鸠帮菜"在安徽成为众多消费者必选正餐品牌，2021年被安徽省文旅厅推荐为"安徽十大美食"。

四、采用新科技新技术

为了改善鸠江饭店的空气环境，提升顾客居住体验，饭店使用臭氧发生器对空气进行消毒；静音洗衣机、静音吸尘器等新设备也已经普及。

2018年，鸠江饭店采用了机器人为客人送餐、送快件等。

随着产品需求的扩大，鸠江饭店建立了中央厨房，对部分需求量大的产品实现了高速、高效、安全、卫生的食品供应。

五、校企联合创新

鸠江饭店同安徽商贸职业技术学院、芜湖职业技术学院开展"鸠帮菜"课题研究，对鸠帮菜的历史文化、传承脉络、市场前景、营养成分、包装设计、广告宣传等进行了深入研究，取得了积极成果。汪世和还被聘任为这两所学校的客座教授，为相关专业的学生讲授鸠帮菜文化和非遗传承。

饭店派人员参加高校举办的电商运营课程的学习，学校组织学生到饭店开展实习活动，对表现优秀的学生，饭店给予优先录用的待遇。鸠江饭店与高校的设计专业合作，对饭店的产品包装、店面装潢、标识标记进行了升级改造，改善了消费者的消费体验。

六、饭店鼓励创新

鸠江饭店鼓励创新，营造创新氛围，给有创意的员工提供支持和帮助。2022年，鸠江饭店技术人员和老师傅共同研制出了食品制丸机，提高了饭店鱼丸、肉丸等菜品的生产效率，并成功申请了专利。

对老字号企业来说，传承和创新是密不可分的联合体，传承是文化的积淀，创新是企业发展的动力，鸠江饭店屹立110年不倒的传奇，很好地诠释了"传承""创新"的意义。

（张　清）

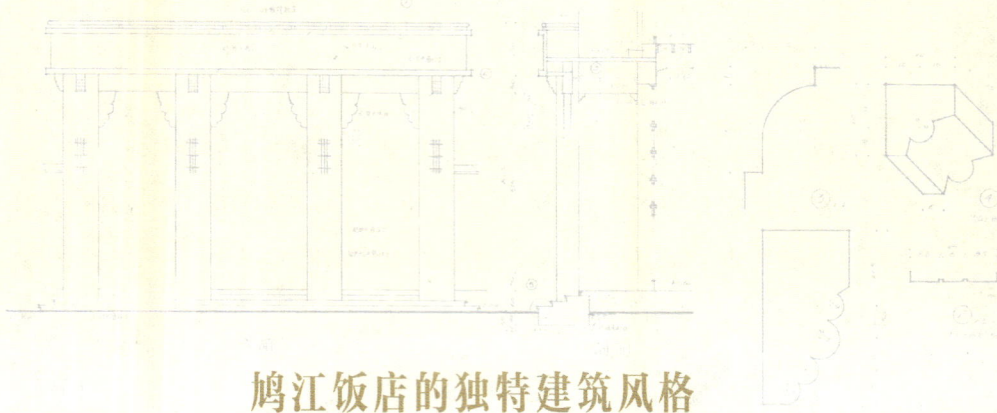

鸠江饭店的独特建筑风格

　　只要见过鸠江饭店，无不为它那极富时代特色的外观而折服。这是一幢20世纪50年代建设的大型饭店，是那个时代芜湖的标志性建筑。这幢建筑，不仅在芜湖家喻户晓，在周边省市也有着一定的影响力。

　　鸠江饭店由原芜湖市城市建设局设计室设计，原芜湖市建筑工程公司组织施工。此建筑为砖木混合结构，女儿墙，平屋顶，整体呈L形，正中为主楼，共5层，高19.2米，两侧依次递减为4层和3层，主楼大厅为挑高设计，净高达7.8米。1992年7月绘制的鸠江饭店平面图上标注着："现有土地10609平方米，建筑占地5027.5平方米，建筑面积16508.39平方米，其中主楼7932平方米。"

　　从相关资料可知，鸠江饭店主楼大厅上方原本建有一处藻井，如今已被装修吊顶掩盖。当年的"彩色藻井大样"施工图纸上标明了藻井的配色和施工要求，其中一行字注明：彩色藻井施工时，配色参照敦煌藻井第五、六样张。原先正门入口处建有四根高达5.5米的立柱，每个柱头两侧镶有雀替。这一设计手法让整幢建筑平添几分中式传统意境。

　　鸠江饭店建造的年代，国家正处于百废待兴时期。特定的历史时期，注定了鸠江饭店特定的建筑风格。鸠江饭店在建造过程中，实用性是放在首位的，注意节约，尽可能降低工程造价，多采用简约的建筑形式。原芜湖市城市建设局设计室副主任、鸠江饭店工程设计负责人鲍弘达在时隔一个甲子以后，首次披露了当年建造鸠江饭店的许多鲜为人知的细节。

20世纪五六十年代，我国钢材资源紧缺，如何在保证安全的基础上，尽可能减少用钢量，是同时期设计师普遍面临的考验。鲍弘达和同事们经过多次尝试，将古老的"竹筋技术"应用于建筑中。所谓竹筋技术，就是先将粗大的毛竹削成条状，然后放进水中蒸煮，去掉其中的有机物，再削去竹皮，放进清漆中反复浸泡，这样制成的竹筋，不仅承重强度极佳，还可以保持长时间不腐烂。"当时也是第一次用，承担着很大风险，为了安全起见，只敢用在饭店底层地沟盖板这一部分。"时隔60多年，鲍弘达对此记忆犹新。凭借着过硬的设计本领和严谨的计算手段，竹筋替代钢筋这项创新技术，经过60多年的磨砺，地沟盖板至今牢固如初。

在建筑功能设计方面，鲍弘达充分考虑到旅馆行业的特色，在一楼设置理发厅，在二楼设置男女浴室，同时，还规划建设大小餐厅、医务室、小卖部等公共配套设施。这种超前的设计理念，在当时是少见的。

谈及鸠江饭店的建筑风格，在相当长的一段时间里一直存在一个误区，许多材料上都将这幢建筑定义为建国初期带有苏式风格的建筑。但通过对整幢建筑的观察和了解之后，这个苏式风格也就不攻自破了。就像芜湖资深建筑专家葛立三所解读的那样，受当时大环境的影响，鸠江饭店的设计只能采取简易的折中主义现代风格，局部如门廊柱头雀替等处都大量采用了中国古典建筑元素，处理手法与同时期的合肥长江饭店一样。葛立三先生说，鸠江饭店是芜湖现代建筑史上早期的一幢精美的大型旅馆建筑，在安徽省内与合肥

长江饭店同处于领先地位。该饭店具有鲜明的时代风格，是一处不可多得的现代优秀建筑。

作为一幢已有68年历史的老建筑，能够完好地保存至今，实属不易。鲍弘达说，与鸠江饭店同时期建造的建筑，有的易地重建，有的已经彻底消失，鸠江饭店还原汁原味保留在原址之上，作为曾经的地标性建筑，它无疑已经成为这座城市乡愁的一部分。

（郭　青）

名家追忆

李济仁父子眼中的鸠江饭店

李济仁，新安医学专家、中国中医科学院学部委员、国医大师、皖南医学院附属弋矶山医院主任医师、皖南医学院终身教授、博士后合作导师。

李济仁常常在工作之余给自己放个假，放松身心，解除疲劳。他给自己放假的方式有多种，培养业余爱好就是其中之一。他常说，一个人不仅要有强烈的事业心，还要有一份热爱世间万物的炙热情感，业余爱好就是培养生活情操，拥抱美好生活，让生命之树常青的最好方式。他是这么说的，也是这么做的。这里给大家讲一个李济仁以文会友，释放工作压力的故事……

李济仁收藏了一部分名人字画，每收到一幅字画，他都要认真研究作者的用笔技法、构图技巧、墨色渲染方法，而且对题诗、落款、用印也仔细欣赏。久而久之，李济仁不仅懂画，而且还结交了一些书画界的朋友。因此，和朋友一起赏画就成了他的一大业余爱好。到了晚年，老先生又将其业余爱好扩展到奇石方面，并与我市奇石协会秘书长汪建军、鸠江饭店董事长汪世和结成了忘年交。

2019年12月20日星期五下午5时许，李济仁大师在汪建军的陪同下，来到鸠江饭店见董事长汪世和，一同前来的还有李济仁的夫人张舜华、女儿李艳。

张舜华，国家级非物质文化遗产"张一帖"内科疗法第14代传人，皖南医学院附属弋矶山医院副主任医师；幼承庭训，有志于医道，在其父张根桂的指点下学习中医，习得祖传绝技；悬壶济世，从事中医临床工作40余年，擅长内科、妇科，尤其对外感病、急性热病独有研究；主要著作有《张舜华临证医案传真》《中国百年百名中医临床家丛书——李济仁 张舜华》《国医双馨：李济仁 张舜华》《名老中医肿瘤验案辑按》《新安名医考》等，发表论文10余篇。

女儿李艳是皖南医学院教授、硕士生导师，国家级重点学科"中医痹病学"学科带头人，北京中医药大学特聘教授，"芜湖市十大优秀女科技带头人"。

得知李济仁大师要来，鸠江饭店董事长汪世和与总经理王军早早等候在饭店门口。一进鸠江饭店大厅，李济仁就被楼梯口的荣誉墙吸引住了。他仔细观看了挂满一面墙的各种荣誉证书：安徽省先进单位、安徽省商业文明单位、安徽省商业先进企业、安徽省财贸系统创优先进单位、安徽省财贸系统"创优、创佳"竞赛先进单位以及安徽老字号、国家特级饭店、安徽餐饮名店、

李济仁先生参观鸠江饭店荣誉墙

安徽省消费者放心酒店等。李济仁一边看一边说："在过去的几十年中，鸠江饭店是芜湖餐饮业的一面旗帜，经过改革大潮的洗礼，重新焕发青春活力，这就很不简单了。过去鸠江饭店是芜湖人的骄傲，现在是汪董事长管理得好啊！"

接着，在汪世和的引领下，一行人步入三楼会议室。新朋老友齐聚一堂，话匣子很快就打开了。李济仁兴高采烈，从相同的爱好谈到收藏的乐趣，又从各自的藏品谈到不一样的收藏经历。汪世和把黄钺的两幅山水画《游山图》和《青山寻踪》取出来供大家欣赏。与黄钺同时期的画家秦祖永在其所著的《桐阴论画》中称黄钺的画"丘壑松秀，树木潇洒，有文秀之致。设色亦淡雅清洁，不染尘氛"。他们一边

李济仁先生（中）与鸠江饭店汪世和董事长（左）、王军总经理（右）座谈

看画一边点评，现场气氛十分融洽。

晚餐时，李济仁对鸠江饭店的鸠帮菜赞不绝口，并指着一盘菜说，这上面的雕花、小鸟栩栩如生，鸠帮菜果然了得。而后，汪世和介绍了鸠江饭店改制后的规划与发展，李济仁不时点头赞许。

席间，在谈到养生秘诀时，李济仁说："（1）吃饭只吃七分饱，口味清淡；（2）生活有规律，要有作息时间表；（3）选择适量的运动，每天清晨做一套自己发明的唤醒操；（4）保持好心态，学会释怀，烦事也就没有了；（5）起床后空腹喝上一杯温开水，运动后，喝一杯微甜的糖水或是淡盐水，睡前再喝一杯水；（6）每天吃500克蔬菜和250克时令水果。"听君一席话，胜读十年书。李济仁的养生之道，获得一片掌声。说收藏，尝美食，谈养生，互通有无，各有收获。

2022年6月21日下午，李济仁的长子张其成在妹妹李艳的陪同下来到鸠江饭店。

张其成，中医文化学博士生导师，著名国学专家，中医文化学家，全国政协委员，北京中医药大学国学院院长，北京中医药大学易学与儒释道医学研究所所长。这是张其成被聘为山东大学讲席教授、山东大学儒学高等研究院博士生导师后，抽空来芜湖的省亲之行。

在参观鸠江饭店资料室的过程中，汪世和拿起一件藏品介绍道："这是北宋时期的瓷枕。"张其成接过瓷枕，端详一番后说："这是药枕，可以作教学用"。

参观了鸠江饭店资料室后，宾主共进晚餐，张其成在领略了鸠帮菜的丰盛与美味后，称赞有加。在资料室他慧眼识珠，又对鸠帮菜情有独钟，所有这些，都给汪世和董事长留下了深刻的印象。

（龚英柏）

郭味蕖入住鸠江饭店前后

鸠江饭店先后接待过国内的很多书画大家，其中有张恺帆、林散之、赖少其、萧龙士、郭味蕖等；郭味蕖的黄山之行，其往返途中都入住在鸠江饭店。

1962年5月，郭味蕖与焦可群带领6名学生前往黄山写生，途中在芜湖逗留，入住鸠江饭店。到达芜湖的第2天，郭味蕖以文会友，游览芜湖风景胜地，并在日记中作了详细记录。

郭味蕖（1908—1971年），山东潍坊人，原名忻，后改慰劬、味蘧、味蕖，擅画花鸟及山水，所作融会诸家，兼工带写，画风清丽活泼、生动自然，充满生活气息，开启了现代花鸟画创作的新风向，齐白石有联赞曰"开图草里惊蛇乱，下笔阶前扫叶忙"。

20世纪60年代初，很多著名画家上黄山，芜湖几乎是必经之地，那时芜湖是皖南门户，地理位置得天独厚，去泾县宣纸厂也大多要经过芜湖。

1962年5月17日，郭味蕖带领学生从北京出发，21日下午2时，郭味蕖由南京坐车前往芜湖。一路平芜绿柳，风光无限，下午6时抵达芜湖，下榻在鸠江饭店五楼。

22日早上，郭味蕖前往芜湖市文化局，见文化局副局长娄良鸿

等人。娄副局长热情接待了郭味蕖，并为他们一行人办了入住黄山宾馆的介绍信。下午在文化馆馆长柳文田的陪同下，参观工人文化宫的画展，浏览芜湖市容，中、晚餐都安排在镜湖之畔的镜湖餐厅。饭后柳文田又陪郭味蕖沿着长江码头漫步赏景，举目远眺，水天一线，令人心旷神怡。鸠江饭店离江边很近，看看码头、轮船和一望无际的长江，对于北方人来说，也是很有吸引力的。

这里提到的娄良鸿，时任芜湖市文化局副局长，是芜湖市梨簧戏剧团的创办者，并为这一古老剧种的保护与传承做出了巨大的贡献；柳文田曾任芜湖市文化馆馆长、书画院副院长，在国内是有一定影响的著名画家。

郭先生的黄山之行，不同于以往很多画家，一是与学生同行，完成教学任务；二是他以日记的形式，详细记录了在黄山写生的经历和感受，文辞儒雅精美，为我们今天的自然写生提供了诸多难得的经验。

6月17日，郭味蕖一行人从汤口登车离开黄山，一路阴雨蒙蒙，师生8人细细领略"五百里山雨江南"之趣。途中过太平县（今黄山区），稻田千顷，阡陌间，时见白鹭飞翔栖止，始悟"漠漠水田飞白鹭""一行白鹭上青天"诗句之妙谛。下午5时半抵芜湖，再次入住鸠江饭店。18日又是细雨蒙蒙，上午10时，由芜湖乘火车冒雨返回南京。

郭味蕖带领中央美术学院师生赴黄山实习，历时48天，《黄山行》日记，记录了他置身于大自然中的畅快心境，以及实习生活的点点滴滴，字里行间无不彰显出他"从大自然中来，得江山之助"的中国画革新精神。

（龚英柏）

一三六

梅葆玖与鸠江饭店

3月，春意渐浓，邂逅梅葆玖，一个在中国京剧界响当当的领军人物，因此，那年的春天注定是一个令人难忘的季节。

2001年3月初，新上任的汪世和董事长因公赴京，在朋友举行的接风晚宴上，京腔和京剧不时缭绕在包厢里。酒酣耳热之际，朋友在汪世和的耳旁，悄声说道："明天我带你去见一个人，现在不要问，你明天早上等我电话，到了地方，你就知道了。"

第二天早上，汪世和跟随朋友来到东城区干面胡同30号。这是一幢两层灰色小楼，朝街的门口有一排电表，电表的外壳上隐约可见"梅葆玖"的字样，这时，汪世和恍然大悟，原来朋友昨晚秘而不宣的人竟然是梅葆玖，确实有点令人意外，令人大喜过望。

梅葆玖在戏剧界拥有崇高地位，但他为人随和，从来不摆架子。朋友介绍道："先生淡泊名利，从来不去争权，从不趋炎附势，这是先生的一贯作风，也是梅家的一贯家风。"

进了客厅，宾主一番寒暄之后，话题很快就转到了梅先生正在筹备的京剧《大唐贵妃》上。

听了梅先生的详细介绍，大家都为梅先生的敬业精神所折服。接着，梅先生又面带微笑地说："明后天我去上海彩排，各位有兴趣

随我一起去吗？”以前只听说梅先生随和，不承想梅先生竟然如此平易近人，实在令人惊喜。如今天降良机，谁又会不去呢？真是踏破铁鞋无觅处，得来全不费工夫。

上海京剧院的大幕徐徐拉开，"梨花开、春带雨，梨花落、春入泥，此生只为一人去，道他君王情也痴……"。京剧《大唐贵妃》主题曲响起的时候，全场响起一阵热烈的掌声。

梅先生年近八十，照样上台唱戏，扮相不倒，身段不倒，嗓音不倒，甜美温润一如当年。从古到今，几乎很难再找出一位如此高龄仍能上台演出的男旦。但他从来不说自己是大师，除了在舞台上，他不会轻易开嗓，只有在自己准备充分的时候，才会给观众带去最精彩的表演。

演出结束后，汪世和手捧鲜花来到后台，梅先生一面道谢，一面拉着他的手一同坐下。朋友则轻声说道："祝贺先生彩排成功，若不准备在上海久留，汪董事长想请您到芜湖鸠江饭店暂住休息。"梅先生闻言，当即答道："可以呀！"这真是一个惊喜接着一个惊喜。汪世和当即打电话给店里的王总，要她整理一个房间出来，随时准备接待一位嘉宾。

第二天，汪世和跟随梅先生重返思南公馆87号，这是梅先生出生的地方。1951年，梅兰芳先生赴北京就任中国京剧院院长，梅家才举家迁往北京。不过，直到1959年左右，一家人的户籍才迁到北京。梅先生踏进幽静的花园，看了自己小时候住过的卧室，父亲梅兰芳和徒弟经常拍照留影的楼梯，兄弟姐妹们嬉戏练功的草坪……往事历历在目，记忆无比鲜活。梅先生说，他始终觉得自己的老家就在上海思南路87号这栋静默的小楼里。听者无不为之动容。

鸠江饭店总经理王军接到董事长汪世和的电话后，立即安排人员做好各项准备工作。据老员工陶定鸿回忆，2001年3月18日，京剧大师梅葆玖来到芜湖，鸠江饭店为了迎接他的到来，特意重新装修了三楼一个套间，并增添了很多京剧元素。当时陶定鸿在工会负责宣传工作，梅葆玖到来那天，欢迎条幅是他亲手所写。

梅葆玖入住的客房，设备齐全，窗户临街，可以一览芜湖闹市区的街景。梅葆玖先生非常感谢汪世和董事长的热情接待，并为鸠江饭店题写了"鸠江三月春意浓"几个大字。2022年1月28日，《芜湖日报》再次追叙了梅葆玖先生的芜湖之行。

这是2001年一个初春的早晨迎来的一次难忘的邂逅和一段载入鸠江饭店史册的佳话。

（龚英柏）

梅葆玖先生和王军总经理亲切握手，
照片上是梅葆玖先生的亲笔签名

梅葆玖先生和汪世和董事长合影

徐悲鸿与鸠江饭店

徐悲鸿先生书法作品

此副对联是鸠江饭店创始人王睿亭收藏的墨宝，为徐悲鸿先生于1937年所书"一怒定天下，千秋争是非"。

鸠江饭店的前身是王正鑫客寓，历经四十余年的风雨沧桑后，经公私合营浪潮的推动，1956年，王正鑫客寓正式转为国营鸠江饭店，其创始人王睿亭被聘为鸠江饭店特色技艺和服务经营管理的顾问。他将原客寓餐饮技艺和服务管理经验全部带到了鸠江饭店。由于他的知名度吸引了许多名家的造访，其中就包括许麟庐、赖少其等书画家的光顾。

徐悲鸿（1895—1953年），原名徐寿康，江苏宜兴屺亭镇人。他出身贫寒，其父是当地画家，精通中国古典文学，并对书法篆刻有深入研究，尤擅国画。徐悲鸿跟随父亲学习诗文、国画及篆刻，自小便显示出非凡的才能，这也为他后来成为著名画家打下了良好的专业基础。1912—1915年，他在宜兴、上海、北京等地从事美术教学和国画创作活动，曾多次举办画展，与书画名家从事交流活动。

徐悲鸿的艺术从国画起步，多年的艺术积累使他对中国画的历史价值有着深刻的认识。他一方面尖锐批判古来因循守旧的绘画观念，并深刻理解中国画在思想内容上的历史局限，另一方面积极弘扬中国画艺术传统的精华。他学习西画，也是为了西为中用，使中西绘画完美和谐地统一于他的作品之中。例如他画油画，也是选用中国历史中的经典人物，以画笔为旗帜，以彩墨为武器，身体力行地诠释和实践着中华民族精神。

徐悲鸿最善于画马。他将自己的个性和政治理想寄寓其中，他的马大都是一无绳辔，二无鞍镫，自由奔放，反映了他对自由的热爱。他在新中国成立前画的马或驻足或期盼；在新中国成立后画的马，纵身奔跑，欢腾跳跃。他的题词也是很有特色，在新中国成立前题词："直须此夜非长夜，漠漠穷荒有尽头。"在新中国成立后题词："山河百战归民主，铲尽崎岖大道平。"以马喻人，托物抒怀，以此表达他的爱国热忱。

（汪应泽）

许麟庐与鸠江饭店

许麟庐先生画作《玉立亭亭》

许麟庐20世纪60年代入住鸠江饭店，为饭店总台"全国服务先进小组"事迹所感动，归后泼墨作《玉立亭亭》图一幅以赠。

许麟庐（1916—2011年），又名德麟，山东烟台蓬莱人，中国当代国画家、书法家、书画鉴赏家。曾任中国美术家协会会员，中国书法家协会会员，北京中国画研究会副会长，中国书画函授大学、北京工业大学名誉教授等。

许麟庐自幼秉承家学，酷爱习书作画。1934年天津商业学校毕业，23岁与著名画师溥心畲先生结为忘年交，经溥先生数年指点，绘画才能尽情展露。1945年经国画大师李苦禅介绍，拜写意派宗师齐白石为师，13年间一直伴随白石先生左右，研墨理纸，耳濡目染间，深得齐派艺术之真谛，师生感情日深。

许麟庐经过多年的勤学苦练，成为继承和发扬齐派艺术的得力弟子，多次受到白石老人的称赞。他作画时一气呵成，笔力遒劲奔放，酣畅淋漓，神形兼备。

他的画无论大幅小品，花鸟虫鱼，貌似随意挥洒，却不失法度，处处见浓淡兼施之精、干湿互济之妙，真可谓满纸豪情，令人赞叹。

他的画作在国内外许多博物馆、美术馆、纪念馆、饭店均有收藏，不少报刊、电视台也有专版、专题介绍，在国内外享有盛誉。

（汪应泽）

林散之与鸠江饭店

林散之先生书法作品

这副草书对联"狂来轻世界，醉里得真如"中的真如是佛教语，意思是永恒存在的实体，也就是宇宙万物的本体，它是林散之 1978 年初春写成的，赠予同乡好友王睿亭（两人同为安徽和县人）。

这副对联是林散之创作巅峰时期的作品，用笔讲究，变化多端，善于使用中锋，线条瘦劲而富有弹性，圆中有方，方中见圆，展现出刚柔并济的美感。

林散之（1898—1989年），名霖，字散之，号三痴、左耳、江上老人等，生于南京市江浦县（今浦口区），祖籍安徽和县乌江镇，诗人、书画家，尤擅草书。

林散之自3岁始，喜案头涂鸦，5岁能对物写生，6岁入塾读书，至13岁，7年间读了很多中国经典文学作品。课余时间坚持写生，曾钩摹《绣像三国演义》《绣像水浒传》中的人物，大胆而富有想象力。

民国三年（1914年），其父林成璋病故，他被接到和县外婆家读书。此后，诗词大有进展，继而去南京从张青甫学画人像。民国十八年（1929年），赴沪从黄宾虹学画山水，直至34岁（1932年）。之后的17年，林散之赋闲在家，与世无争，心无旁骛，一心苦练书法，使得他步入了书法飘逸若仙的境地，这也造就了一位草书大家。

林散之草书，被称为"林体"。林散之草书主要是指林散之20世纪60—80年代早期和中期的草书作品。相比之下，20世纪70年代的草书最好。林散之草书的特点是瘦劲飘逸、璀璨华滋、偏正相依、飘逸天成。

林散之在草书的结体布白上变化多端，灵活运用结体的安排与构图，通过形体的错落有致和虚实的相互依存，展示出草书独特的韵味，其草书作品在不同时代呈现出不同的特点，如20世纪70年代以偏为主，而20世纪80年代则转为正，展现出其偏正相依的书法修养。

林散之的草书风格飘逸自然，笔触轻盈而自由，带有一种超越尘俗的境界，融合碑学和帖学的元素，形成独特的"林体"风格，其作品在不同的状态下作书，即有不同的情感介入，展现出深厚的艺术功底和对书法艺术的深刻理解。

（汪应泽）

张贞一与鸠江饭店

张贞一先生画作

张贞一在20世纪80年代，曾赠一幅花鸟画给鸠江饭店职工。

张贞一（1905—1985年），安徽阜阳人，擅长中国画。1933年毕业于上海新华艺术专科学校教育系。曾在省立颍州国立茶洞师范、当涂师范、宣城师范学校任美术教师。之后，任芜湖美术研究室教师、芜湖地区文化局创作员。

这些经历给他后来从事中国画的创作和研究，搭建了一个好的平台。不久，他在宣城地区文联任副主席，并任宣城地区书画院名誉院长。

张贞一先生早年受益于黄宾虹、张善孖、汪亚尘、王个簃等大家。张贞一早年在上海新华艺术专科学校上学时，黄宾虹正在兼任美专国画理论与诗文教授，由此，他得到黄宾虹良好的指点和教育，这对张贞一后来的绘画创作起到相当大的作用。

张善孖以画虎声名远播，其作品精妙沉雄，栩栩如生。汪亚尘1933年任上海新华艺术专科学校教务长，因张贞一当年在上海新华艺术专科学校上学，因此，张贞一可以经常得到汪亚尘的亲授。

汪亚尘从欧洲归国后，重新研究中国画，他将西画融入国画之中，但不是简单地掺杂，而是融会贯通，更好地表现国画。他画的金鱼很有特点，有"徐悲鸿的马、齐白石的虾、汪亚尘的金鱼"之称，这种理念对张贞一影响很大。张贞一之所以对花鸟、人物、山水、走兽等都有涉猎，都能有较深的造诣，与受到这几位大家的亲授有直接的关联。

纵观他的作品，可以清晰地看出他作品的取法和渊源，其笔墨苍劲，色调清雅，质朴灵动，笔势纵横，然无莽野狂悍、盛气凌人之态，且在创作中，尤其注重细微之处，对自然界的细心观察，对人物动物神态的描绘，在参以古意的基础之上，又能有自然的超越，呈现出物境与造境之美。

（汪应泽）

汪采白与鸠江饭店

汪采白《青绿山水图》

欣赏这幅汪采白《青绿山水图》，可以看出汪采白铺色明快、章法完整、层次分明、不落前人旧套的艺术特色。汪采白将这幅画赠给了王睿亭。

汪采白（1887—1940年），本名孔祁，字采白，号澹庵，安徽歙县人。少承家学，拜叔父汪律本为师。其祖父汪宗沂和外祖父章洪钧同为清末翰林。汪采白5岁从学于黄宾虹，学画达10年之久，20岁时入郡城崇一学堂学艺。后考入南京两江师范学堂图画手工科，从李瑞清学画。1910年，汪采白毕业参加清廷乡试，获举人称号。

之后，汪采白曾在北京师范学校等校教授美术课，这段时间曾与徐悲鸿、张大千、齐白石、黄宾虹等大师共事。

抗战全面爆发后，汪采白自北京回到

歙县故里，在家乡办学，积极参加抗日宣传活动。1939年夏，不幸被毒蛇咬伤，于1940年7月溘然离世，终年54岁。

陈传席先生讲："汪采白山水画最具特色的是青绿山水，他用挺劲而瘦峭的线条勾出山石和松云，然后用青绿、赭石反复渲染，再用石绿、石青提醒，清新而醒目，厚重而流丽。"汪采白师承新安画派，一生致力于绘画黄山，他的最大成就是对中国山水画中传统青绿法的突破和创新。他的青绿黄山俊逸新奇，迥别于其他画家，最大的特点就是更具有写实性。特别是汪采白在20世纪30年代的作品清奇秀逸、古雅可爱，形成了自己的风格特点，正如黄宾虹所言像"菠菜煮豆腐"，青绿翠白，极为形象。

汪采白的创作历程大致可以分为20世纪20年代和20世纪30年代两个时期。20世纪20年代的创作以新安画派及传统诸家的笔法"略参己意"写家乡西溪一带的景色，设色也多为浅绛；20世纪30年代的创作以青绿法画黄山，并不断致力于对传统青绿法的突破和创新。

（汪应泽）

赖少其与鸠江饭店

赖少其先生

赖少其先生从 1959 年 2 月调任中共安徽省委宣传部副部长兼省文联主席、党组书记，到 1986 年离开安徽回到广州，共计在安徽生活了 27 年之久。

有关资料显示，赖少其一生登临黄山不下百余次。1983 年初春 2 月，赖少其从黄山返回省城时，途经泾县宣纸厂并留下墨宝一幅。离开泾县的当天下午，赖少其一行人由泾县分管文教卫工作的副县长章延林一路陪同，当晚下榻在芜湖鸠江饭店。据当年的鸠江饭店经理谷经章回忆，赖少其一行人抵达芜湖时已是黄昏时分。芜湖市政府接到通知后，市政府、市文联有关领导热情接待，并为赖少其一行人接风洗尘，第二天又安排专车将他们送往省城合肥。

赖少其在泾县宣纸厂留下的墨宝是一幅大尺寸墨梅图。赖少其一生画大尺寸山水画很多，但大尺寸墨梅图，一生仅作两件，此是其中一件。

画作《梅花欢喜漫天雪》，梅花枝条瘦而劲挺，主干梅枝弯曲向上；工笔勾勒出的梅花朵朵精到；枝干曲屈劲健、发枝繁而不乱，严谨的构图显示出画家不凡的造型功底。焦墨渴笔之上略施淡色，白梅（雪梅）暗合着"梅花欢喜漫天雪"的主题。虬曲的主干、硬挺的梅枝、满枝的繁花，展现出画作的精髓。画作整体与细节兼顾，书、画相得益彰；远观气势磅礴，近看主干细部处处如一幅幅精致的小幅山水画，亦是此画作精彩绝妙之处，洋溢着一种昂然向上的生命姿态。

萧云从是中国版画大家，芜湖是萧云从的故乡。20世纪80年代，芜湖、当涂两地涌现出一批以耿明为代表的致力于版画的狂热者，除了专业画家，还有为数众多的业余爱好者。赖少其及其随行人员都是那个时代的版画大家，一行人下榻

赖少其《梅花欢喜漫天雪》

鸠江饭店的消息不胫而走，当晚，部分新朋老友欢聚一堂，他们畅谈中国版画的现状与未来，并为安徽跻身于中国版画大省而兴奋不已。

赖少其当时已近古稀之年。一幅丈二的大画，不仅需要扎实的功底，还要有很好的体力才能完成。据章延林回忆，赖少其在题诗

时，沉思许久才落笔写下。在鸠江饭店的晚宴上，有人提及这事时，赖少其解释道："这是一句古诗，我只是用其意而已。"可见赖少其的古文功底之深厚，同时也反映出赖少其的脑力和体力可谓老当益壮。

其实，时任副县长章延林也是一位书画爱好者，一路上，两个趣味相投的人，惺惺相惜，无话不谈。

（龚英柏）

林散之挥毫书写"鸠帮菜"

鸠江饭店董事长汪世和自小学习书法，临摹老师推荐的书法作品几近乱真，这也是许多同龄人佩服他的原因所在。随着年龄渐长，收藏便成了汪世和割舍不下的毕生追求。

最为汪世和割舍不下的是林散之的一幅书法作品。林散之从60岁开始专攻草书，凭借前半生积淀的深厚功底，终于在晚年创造出带有强烈个人风格的草书，被誉为当代"草圣"，成为中国近代书法史上一颗耀眼的明珠。汪世和收藏的这幅书法作品，是林散之先生写的一幅七言律诗卷轴，作品字数多，尺幅大，是不可多得的书法精品。林散之的草书和历史上一些大家的草书风格迥异，用笔独特，有一种飘逸之美，又有一种苍茫之感。

书画是让人心情愉悦、雅俗共赏的文化艺术品，其特有的装饰和文化内涵与其他文化产品是不可共语的，要有一定的知识素养才能更好地解读与欣赏它们。为了提高自己的鉴赏能力，也是为了更好地解读林散之的这幅书法作品，2022年7月19日，在友人的引荐下，汪世和带着林散之的这件书法作品，前往南京市鼓楼区某小区10幢1单元1001室。10楼电梯门一开，对面墙上挂着"林筱之工作室"的牌子，按了一下门铃，工作人员唐青开门后热情地将他们引

进工作室。

这是一间不大但也不算小的工作室，放眼望去，左右两边，一边是书橱，书橱里放满了各种书籍；一边是矮柜，矮柜上是一些精装书，还有一个插满了毛笔的笔筒和一些杂物；矮柜上的墙面上挂了几幅林筱之的山水画，一个相框挂在中间，照片中的林散之先生正在执笔写字。工作室边上放了一张单人床，床边挨着一张躺椅，可能是为了方便林筱之休息而特意安排的。对面是阳台，由四扇玻璃拉门隔开；两张书桌呈L形摆放，一面靠阳台，一面靠矮柜；靠阳台的书桌上除了一个挂满毛笔的笔架外，还有几本书和一些笔墨纸张。这就是林筱之工作室的全貌，也是留给汪世和的第一印象。

一番介绍过后，得知汪世和来自芜湖，且是鸠江饭店的董事长，林筱之一边点头一边说：芜湖我知道呀！民国二十四年（1935年）秋，家父偕友游九华山和黄山，曾写纪游诗十六首，作画稿若干幅，撰成《漫游小记》，连载于上海《旅行杂志》上。游九华山、黄山，芜湖是必经之路，芜湖是大码头嘛！时龄94岁的林筱之一边说一边招手示意客人坐下。素昧平生，从未交往过的书画大家竟然这样随和，原本有点拘束的汪世和顿时放松下来。来不及坐下就把收藏多年的林散之草书卷轴拿出来，请林筱之先生指点迷津。

林筱之谦虚好学，醉心艺业，作为一代草圣的后人，他在草书方面自然会受到家父的影响。针对汪世和展开的这幅卷轴，林筱之先生对字体结构、运笔技法、落款、印章，一一剖析，说出自己的看法，并望着汪世和说："这是真品无疑。"汪世和听了林筱之的细致评讲，对于如何欣赏林散之的草书作品有了进一步的认识，心中的困惑被一点点解开，激动之情溢于言表。

林筱之中年左耳失聪，到了晚年两耳几乎完全失聪。于是，汪世和从桌上拿起一张便笺，认认真真写下："我是汪世和，书画爱好者，仰慕先生已久，今特从芜湖到南京看望您！想求墨宝两幅并邀请林老在百忙之中到芜湖鸠江饭店指导。"林筱之先生看过后，也在便笺下面认认真真写了两句话：一句是"真品无疑"（对林散之草书卷轴的鉴定），第二句是"去饭店，因身体老病，惭愧无能，无力去指导"。写好后，又取出印章，分别在这两句话的下面盖上印。林老先生的认真态度不得不令人佩服。

接下来，汪世和向林筱之先生介绍鸠江饭店，他提到鸠江饭店名肴、名点风格独特。"清蒸布袋鸡""葡萄鱼""带子上朝""龙舟虾"被芜湖市餐饮（烹饪）行业协会认定为芜湖地方特色菜肴；一级烹调师张仁信的红烧肉、回锅肉；人称"韩一瓢"的木须肉、红烧猪蹄；一级厨师刘富潮、缪忠平的爆炒腰花、四喜丸子、清蒸布袋鸡、八宝鸭；冷盘大师张开志的卤菜、蛋黄糕、熏鱼都名扬江城。特别是"雄鹰展翅"做得活灵活现，别说吃了，看了都令人难以忘怀。"鸠江小笼汤包""一口酥卷"，被芜湖市餐饮（烹饪）行业协会认定为芜湖地方特色名点。基于这些先天条件，鸠帮菜的整理与推广显得尤为重要。林老先生听了汪世和的介绍，一番赞许之下又提笔写下"鸠帮菜"三个大字。

听了林筱之的指点，又求得一幅意义非凡的题字，南京之行，收获多多。虽说是一面之交，却又相见恨晚。谁知

林筱之先生题写"鸠帮菜"

2023 年 1 月 16 日，林筱之先生无疾而终，初见竟然成了最后一见。告别林筱之先生仅有 5 个月零 27 天，一代大师就与世人阴阳两隔，每每说起，汪世和的痛惜之情溢于言表。

（龚英柏）

萧龙士与鸠江饭店

《兰草八哥图》是萧龙士先生的精品力作，是 1975 年萧先生下榻鸠江饭店时赠予的珍宝，当年先生已 86 岁。这幅《兰草八哥图》既有兰草的飘逸，又有八哥的灵动，一静一动，配合默契，相得益彰。我们从这亲切的画面中，仿佛能够嗅到一股浓浓的乡土气息和竹叶夹杂兰花的清香。

萧龙士（1889—1990 年），安徽省宿州市萧县人，原名品一，字翰云，斋名墨趣斋，堂号百寿堂。早年毕业于上海美术专科学校，是中国现当代杰出的书画艺术家和美术教育家。他与著名画家李可染、李苦禅、许麟庐情逾手足，书画风格与吴昌硕、齐白石相似，属大写意画派。擅画梅、兰、松、菊、荷花、牡丹等题材，技艺精

萧龙士《兰草八哥图》

湛，画风儒雅酣畅，质朴淳厚。

萧龙士在新中国成立前主要从事美术教育工作，在新中国成立后多次去北京向齐白石求教，并拜齐白石先生为师。萧龙士曾任中国美术家协会安徽分会名誉主席、省书画院名誉院长、省文史馆馆员、省人大代表和省政协常委等，著有《萧龙士画集》《萧龙士蕙兰册》《萧龙士百寿画集》等。

清代乾嘉时期的萧县在"老庄文化"的滋养下产生了"龙城画派"，这个画派的艺术特色是以大写意花鸟画为主。"龙城画派"因地而名。龙城，萧县之古称，皖北重镇，背齐鲁、扼吴越、接两楚，古称萧国，为徐淮要地。自古龙城人质直好义，淳朴诚恳，能书善画，蔚成风气。《萧县志》记载："萧人能书善画，蔚成风气。作者相望，大雅为群；下及妇孺，均持名教；金石成录，诗歌升堂。"说明了龙城自古画风昌盛。

萧龙士一生以创作大写意花鸟画为主，他的笔墨经过了几个阶段的发展变化，但朴实纯真的"中和之美"是其不变的本色，这种追真求朴的美学思想源于庄子的"朴素而天下莫能与之争美"。萧龙士以朴之心、朴之情、朴之笔、朴之墨，描绘时代的真善美，以一种"墙角种菜作花看"的朴素情怀，把浓郁的乡土气息融入文人画中，给当代大写意花鸟画注入了健康的生命力，使绘画艺术更贴近生活，更具时代精神。

萧龙士尤擅画荷花和兰草。他的墨荷笔墨酣畅、形神兼备、苍韵鲜活、笔简意赅、趣味无穷。兰草点线交融、穿插有致、浓淡相宜，并以题款风趣来抒发他与世无求、不慕虚荣的崇高情怀。

（汪应泽）

鸠江饭店

张恺帆为鸠江饭店题字

鸠江饭店地处芜湖市区最繁华的地段，曾经是芜湖的地标性建筑。

张恺帆题写的"鸠江饭店"四个红色大字，遒劲潇洒，十分醒目。远远望去，白色大楼在红色大字的映衬下，蔚为壮观，令人神往。

张恺帆（1908—1991年），安徽省无为县（今无为市）人。1926年初，考入芜湖民生中学。在芜湖读书期间，张恺帆深受革命运动影响，奔走呼号于江城街头，宣传革命，并参加了芜湖学生联合会，负责写传单标语。张恺帆自幼入私塾，随塾师吴风楼临帖习字，得力于柳公权、颜真卿、怀素、何绍基诸家，兼涉魏碑并善行草书，其书法逐渐形成了遒劲潇洒、个性鲜明的艺术风格。

新中国成立后，张恺帆长期在安徽工作，曾任省委统战部部长、省政协副主席、副省长、省委书记处书记、省政协主席等职。鉴于张恺帆的书法名望，登门求字者络绎不绝。1985年，张恺帆离休后，曾任中国书法家协会第一、二届名誉理事，因其字体苍劲有力、气势磅礴而深受书法爱好者们的喜爱。

1980年3月，遵照中央有关文件精神，安徽省政协主席张恺帆率

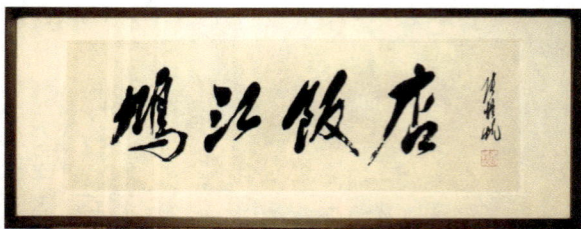

张恺帆题字"鸠江饭店"

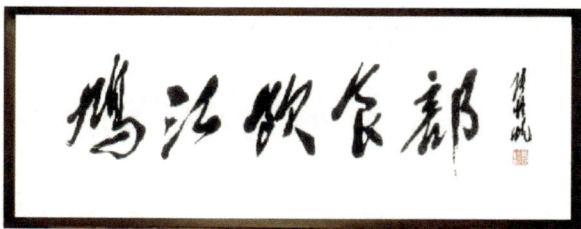

张恺帆题字"鸠江饮食部"

省落实政策调研组来到芜湖，一行人下榻鸠江饭店。落实政策调研组在芜期间，为落实中央精神做了大量卓有成效的工作，赢得大家一致好评。就餐期间，张恺帆对鸠江小笼汤包、一口酥卷，赞不绝口。负责接待的领导乘兴向张恺帆求字，一时又不知如何开口。一旁的朱农知道后，代为转告，张恺帆欣然应允，现场挥毫泼墨题写了"鸠江饮食部"五个大字，并高兴地说："以前为鸠江饭店题写店名，今天再为鸠江饮食部题写招牌。"

（龚英柏）

严凤英来芜湖出演《天仙配》

严凤英，杰出的黄梅戏表演艺术家，"七仙女"塑造者，中国黄梅戏传承发展的重要开拓者和贡献者。1951年至1966年间，严凤英演出了50多个大小剧目，她主演的《天仙配》《女驸马》《夫妻观灯》《牛郎织女》等被拍摄成黄梅戏电影艺术片。她主演的《天仙配》荣获原文化部金质奖章。严凤英的唱腔委婉动听，韵味浓郁，吸收京剧、越剧、评剧、评弹、民歌等唱腔之长，将它们融会贯通，自成一家，被誉为"严派"，广为流传。她是公认的黄梅戏的一代宗师。

1958年5月9日和12月13日，一年之中严凤英两次来芜湖演出，均下榻在鸠江饭店。

据屠元建《从中山纪念堂到工人俱乐部》（原载《芜湖文史资料》第六辑）一文介绍："1958年5月9日，我国著名的黄梅戏表演艺术家严凤英、王少舫，在工人俱乐部为芜湖人民主演黄梅戏《天仙配》……12月13日，安徽省第二届戏曲观摩演出大会在工人俱乐部隆重开幕，此次观摩演出聚集了我省各地市的专业戏曲团体，包括演唱黄梅戏的严凤英、王少舫，演唱庐剧的丁玉兰等一流的优秀戏曲演员。"

　　严凤英于1958年两次来芜湖演出，在麻彩楼的《细说冯素珍首演〈女驸马〉》一文中也有记载："1958年12月，安徽省第二届戏曲观摩演出大会在芜湖举行，安庆代表团的《女驸马》与《洪波曲》是重点戏……《女驸马》在芜湖演出后顿时引起轰动，当时《安徽日报》发表了署名文章，对《女驸马》的成功演出作出了很高评价，引起了安徽省委领导的重视。"

　　麻彩楼，1938年出生于江苏南京。1945年从艺，师承王剑峰，工黄梅戏花旦。历任青阳县黄梅剧团、安徽省安庆专区黄梅剧团演员、团长，上海声乐研究所学员，安徽省安庆市黄梅戏剧院副院长。

　　前有屠元建的文史资料，后有麻彩楼的纪实文章，严凤英来芜湖演出的时间、地点非常明确。据芜湖文艺界老人回忆，由于演出地点在工人俱乐部，鸠江饭店就成了演员休息的首选之地。鸠江饭店距离工人俱乐部很近，既方便休息也方便演出，这是主要原因。据当时的戏迷回忆：严凤英等演出结束回饭店去休息时，大批粉丝聚集在鸠江饭店门前，争相一睹这位黄梅戏表演艺术家的风采，并发出阵阵赞叹声。

（龚英柏）

鸠帮菜肴

菜帮鸠

汪世和先生正
林筱文
九十五岁

鸠帮菜

芜湖地处安徽腹地，是连接安徽南北的交通枢纽。作为长江中下游古老商埠，1882 年芜湖成为中国四大米市之一后，徽、苏、浙、粤、鲁等地客商在芜湖迅速崛起，南来北往的商贾，带来了文化的繁荣，其中就包括饮食文化。加上鱼米之乡得天独厚的食材资源，芜湖餐饮得以迅速发展。

鸠帮菜又称芜湖菜，属于安徽菜系中的沿江风味，主要流行于长江中下游地区，它兼容并蓄，以淮扬菜为基础，承接安徽南北风味，是近代安徽菜的后起之秀，具有深厚的历史文化底蕴，在中国美食史上具有重大贡献。

鸠帮菜以烹调江鲜、河鲜、家禽见长，它讲究刀工，注意形色，善于用糖调味，擅长蒸、炒、煸、烤、焖、焗、炖、熏等技艺，尤其是红烧、清蒸等烹饪手法，使得鸠帮菜呈现出酥嫩、鲜醇、清爽、浓香的特色，让人回味无穷。鸠帮菜代表菜品有"清香盐焗鸡""生熏仔鸡""八大锤""毛峰熏鲥鱼""火烘鱼""蟹黄虾盅"等。然而随着西风东渐，上海等新兴城市的兴盛，鸠帮菜渐渐淡出了人们的视线。

一六五

新中国成立以来，尤其是改革开放以来，鸠帮菜迎来了它的第二春。1957年10月，鸠江饭店正式营业，由于肩负市委、市政府的接待任务，饭店吸纳了众多具有鸠帮菜绝活的大厨，鸠帮菜传统技艺得以在鸠江饭店保留、传承下来。

从2010年开始，鸠江饭店邀请烹饪大师、大学教授、美食专家、国家中药材技艺传承人等组成研创团队，成立"芜湖市鸠帮菜大师工作室"，陆续推出了"鸠帮菜"系列菜品100多道，主要菜肴有鸠玖香猪手、鸠鼎香芙蓉鳜鱼卷、龙腾四海、鸠帮一品鲜、古法红烧肉、鞭打绣球、八宝菜、麻香翡翠卷、春芽银丝等。

鸠帮菜融合徽菜、淮扬菜、鲁菜等众家之长，在食材搭配、烹制手法、色彩与造型上都有自己的独特技艺。

鸠帮菜追求食材的新鲜、健康与无污染，选用本地产江河湖鲜、家禽等绿色优质食材，厨师们善于将不同食材进行搭配，利用食材之间的互补性，提升菜品的整体口感和营养价值。

同时融入养生理念，根据时令推出养生菜品，强调"不时不食"的养生观念，让人们在品尝美食的同时，也能享受到养生的乐趣。

鸠帮菜的烹饪技巧丰富多样，除了传统的烹饪手法如炒、炖、蒸外，还不断引入新的烹饪技术和手法，如烤、焖、焗等，使菜品在口感和风味上有了更多的可能性，体现了深厚的传统底蕴和不断创新的探索精神，主要体现在以下几个方面：

其一，鸠帮菜非常注重刀工，厨师们需要经过长时间的训练，才能掌握精湛的刀法。无论是切片、切丝、切丁还是雕刻，都能展现出极高的技艺水平。刀工不仅影响菜品的外观，还能直接影响食材的口感和味道的释放。

其二，鸠帮菜尤其注重不同菜品火候的把控，不同的菜品需要不同的火候，鸠帮菜强调"文武火"的运用。在烹饪开始阶段，通常使用武火，即大火迅速将食材表面煎至金黄或炒出香味，这样可以锁住食材的鲜味和营养，让菜品更加美味可口。而在后续的炖煮或焖烧过程中，则转为文火，即小火，以保持食材的嫩滑和口感的细腻。例如，烹饪肉类时，需要先用武火将肉煎至两面金黄，再用文火慢慢炖煮，以确保肉质酥烂入味。而蔬菜类食材则宜用中火快炒，以保持其爽脆和色泽。鸠帮菜还注重火候与时间的配合。对于需要长时间炖煮的菜品，如红烧肉、炖汤等，火候的控制更为重要。厨师们会根据食材的特点和烹饪需求，灵活运用火候，掌握炖煮的时间，使得菜品口感达到最佳状态。

火候的掌握还需要结合烹饪器具的特点。鸠帮菜常用的烹饪器具如砂锅、铁锅等，都有其独特的导热性能。厨师们会根据不同的器具，调整火候的大小和烹饪时间，如爆炒需要高温快炒，炖煮则需要慢火细炖。厨师们凭借丰富的经验，能够精准掌握火候，使菜品达到最佳口感，以确保食材的完美烹饪。

其三，鸠帮菜善于运用各种调味料，通过巧妙地搭配和调和，使菜品味道层次丰富、口感鲜美。特别是糖的使用，鸠帮菜有其独到之处，既能提升菜肴的鲜甜度，又不显甜腻。这种独特的对甜味的处理，使得鸠帮菜在众多菜系中脱颖而出，成为其独特的标志之一。

其四，鸠帮菜不仅追求味道的鲜美，还注重菜品的色彩和造型，将中国书画和古典美学中所强调的"意境之美"融入菜品，通过巧妙的配色和摆盘，使菜品在视觉上给人以美感，让人食欲大增。这种将美食与文化相结合的做法，使得鸠帮菜不仅是一道道美味的佳肴，更是一种文化的传承和展现。

这些烹饪技巧的巧妙运用，共同塑造了鸠帮菜的独特魅力，使得鸠帮菜在中华美食中独树一帜，深受食客喜爱。它不仅为人们带来了健康与美味，更丰富了饮食文化。作为芜湖市的一张亮丽的餐饮文化名片，鸠帮菜将继续在美食界发光发热，为更多人带来美好

的味蕾体验。

鸠帮菜对菜品从原料采买、切配、烹制、摆盘，到最后送上餐桌，都有严格的要求和标准。2023年5月鸠帮菜被列入芜湖市非物质文化遗产保护项目。

鸠帮菜自成一派，与其他菜系相比，既有相似之处，也有其独特之处。相似之处在于，鸠帮菜与其他菜系一样，都注重食材的选取、烹饪技艺的运用以及口味的调配。无论是鸠帮菜还是其他菜系，都追求食材的新鲜和优质，注重烹饪手法的精细和火候的掌握，以呈现出最佳的口感和风味。鸠帮菜的独特之处在于，首先，鸠帮菜在食材的选择上更加倾向于本地特色，如江河湖鲜、家禽等绿色优质食材，这使得其具有独特的地方风味。其次，鸠帮菜在烹饪技艺上讲究刀工和型色，善于用糖调味，擅长红烧、清蒸和烟熏等技艺，这使得其在口感和呈现方式上与其他菜系有所不同。此外，鸠帮菜第五代传承人在全国首次提出以"色、香、味、型、器、质、意、养"八个字为菜品制作标准，使菜品整体品质上了一个新台阶。坚守食材的绿色环保，谓之"质"；将中国书画和古典美学中所强调的"意境之美"融入菜品，谓之"意"；按时令推出养生菜品，遵循古人"不时不食"的理念，谓之"养"。鸠帮菜遵循二十四节气七十二候，适时推出时令菜，满足人们健康、养生的需求，使得鸠帮菜在中华美食的大家庭中独树一帜，成为芜湖乃至安徽地域的独特美食代表。

（汪世和）

独树一帜的鸠帮菜

人们在赞美中国美食时，总是以"五美"称之，即所谓"色、香、味俱全，器与型相衬"，一道完美的菜品，必须满足色、香、味、型、器"五元素"。然而，崛起于长江中下游安徽芜湖的鸠帮菜别出心裁，在传统"五美"的基础上，秉持守正创新的理念，增加了"质、意、养"的内在阐释，对中国传统美食文化进行了深度挖掘和扩展，既保持了传统菜品的价值和文化，又体现了探索新的思想和新的发展的勇气与决心，极大地丰富了中国传统美食文化的内涵。

鸠帮菜出自长江中下游安徽南部，吸纳苏菜注重"原汁原味、风味清新"，浙菜讲究"清爽鲜嫩、淡雅鲜香"，徽菜推崇"古朴典雅、咸鲜醇香"的特点，结合沪菜"选料新鲜、四季有别"的选料方式，博采众家之长，融万家于一家，形成"鸠帮菜"独有的特色。

鸠帮菜是集"色、香、味、型、器、质、意、养"于一体，脱胎于"沿江菜"，更加具有芜湖本土特色并区别于徽菜、淮北菜的独特菜系，不仅注重食材的绿色环保，还将中国书画和古典美学中所强调的"意境之美"融入鸠帮菜菜品设计中。每道菜品都按照传承技艺制作，炼化出将饮食文化与节气时令相结合的养生菜品，以达

到"不时不食，不鲜不食"的极致追求。将"质、意、养"作为菜肴制作标准，具有开创性的意义。

一般来说，"色、香、味、型、器"能够带给人们视觉、嗅觉和味觉上的享受，但这种感官上的感受虽然能够沁人心脾、愉悦身心，也能够让人甘之如饴、回味良久，但终究只是浅表层的感觉而已。而鸠帮菜继承了中国饮食文化的优良传统，不仅在"色、香、味、型、器"方面努力做到极致，而且还通过"质、意、养"方面的巧具匠心，满足食客精神方面和健康方面的享受需求。

"色"，是所有食客第一眼的感觉。鸠帮菜的最大特色，就是保持原有食材的本色，尤以果蔬类为最，一道"春华秋实"，青翠欲滴之中红黄白相间，色彩丰富。所谓"色"，分两层：其一是食材的本色；其二是传统上色、润色、配色、淋色点缀等烹饪手段，使菜品色泽鲜艳诱人，美观大方，增加食客的食欲。

"香"，是所有食客落座后的第二感觉。扑鼻的香气足以让人心情振奋，食欲大增。所谓"香"亦分两层：一是食材本身通过煎、炒、炸、烀、煮而散发出来的天然香气，如煎香、煮香、烤香等；二是添加各种调味品与食材一起加工后产生的混合香气，有的香气浓郁，有的香气清新怡人，以满足不同人群对香气的不同需求，如酱香、鲜香、蒜香等。

"味"，是"美味佳肴"的核心所在。传统"五味"即酸甜苦辣咸，但通过调和鼎鼐以及烹调方式等使其"无味者入味，有味者出味"，达到香味四溢、鲜美酥嫩、清爽浓香、口感丰富的效果，以咸鲜醇香为最。

"型"，是指菜品的造型。所谓"造型"有两种方式：一是通过食材的天然造型，展示食材的自然之美；二是通过人工干预，以捏塑、拼摆、镶嵌、刻挖的方式，使主食材与辅食材相互映衬，并赋予其特定的涵义，有情调，有品位，造型美观，形态清晰，使之产生赏心悦目的效果。此外还借助鲜花、雕花等小道具为菜品增色，如茴香银丝、鸠鼎香金牌猪手等，博人眼球，可谓一绝。

"器"是盛装菜品的器具。作为美味佳肴的背景，在餐饮过程中起到锦上添花的作用。盛器的独特造型、精致典雅以及与菜品的配合度，相得益彰，各展所长，使食客有赏心悦目的审美体验。

"质"，即坚守食材的绿色环保，严把食材质量关，"以质取胜"，从源头做起。坚持每天早上到市场（或生产基地）采购新鲜果蔬和肉类，确保食材的新鲜程度和质量安全。而在研制开发过程中，鸠江饭店也十分注重引入食客的反馈意见。他们新研制的菜品上桌，会在食客离开以后，拍照存档，然后由管理层与厨师长及厨师根据菜品的残留情况共同分析，再决定此道菜品是否继续上桌。目前推出的109道菜品就是通过这样筛选产生的。

"意"，实际上是餐桌摆盘在审美方面的一种升华，体现出鸠帮菜的文化内涵和气氛。鸠帮菜将中国书画和古典美学中所强调的"意境之美"融入菜品，在色、香、味、型、器"五美俱备"的基础上给人以综合美的感受，将餐桌上色、香、味、型、器的视觉、嗅觉、味觉综合体验提升为一种意境。鸠帮菜品中尤以"麻香翡翠卷"为最，整个造型为"小桥流水"，盛器中有小鱼游弋其间，让人顿觉有"江南田园风光"之意蕴。

"养"，即遵循古人"不时不食"的理念，按时令推出养生菜品，将鸠帮菜的整体品质提升到一个新的境界。鸠江饭店遵循中国饮食传统，在每个节气来临之前和节气期间，都会根据节气的特点和季节的变化来调整菜品。在不同的节气和季节提供不同的菜品，夏至节气，会注重推荐清淡凉爽的菜品，以满足消暑需要；而在冬至节气，则会特别推出温热菜品，多炖多煨，味道醇厚，以达到暖阳作用。

由于鸠帮菜是集"色、香、味、型、器、质、意、养"于一体

的系统工程，其营销方式亦有其独到之处。鸠江饭店采取的是提前订单方式，食客提前一天下单，厨师们提早就有了总体设计，营养均衡、配伍科学，包括荤素搭配、色彩相衬方面都会有全面的安排。就像陆文夫在《美食家是如何炼成的》一文中所述："名厨在操办此种宴席时，都是早有准备，包括采购原料都是亲自动手，一个人从头到尾，一气呵成。"

鸠帮菜不仅讲究"色、香、味、型、器、质、意、养"，而且注重品味情趣，增加食客与菜品之间的互动，如"文火牛肉"，改变了品尝方式，增添了食客品味的乐趣。当火焰升腾起的那一刻，食客会有不一般的感受，也是在任何一处餐馆酒店没有过的体验。

鸠帮菜的命名也颇有特色，出神入化，他们会根据烹调方式和菜肴的形象来命名，如鸠香鳝抱虾、鸠江金镶玉、春华秋实等。鸠香鳝抱虾，不仅确有"爆"的意味，而且确有"抱"的形象。

鸠江饭店作为一家百年老字号企业，本着"至精、至善、至诚、至美"的精神，经过十余载精心钻研、打磨、整理、传承、融合，开发鸠帮菜菜品，受到众多食客的一致好评。在"2023年中国农民丰收节"餐饮现场，鸠江饭店献上的"鸠鼎香熏鱼""南瓜肴肉""江南七味"，成为一道亮丽风景，与席人员对鸠帮菜精致的摆盘和独到的风味给予一致好评。央视财经频道展示了制作鸠帮菜系中的传统菜品——蟹黄虾盅的过程，这是一道功夫菜，利用传统烹饪技艺将虾肉的嫩与蟹黄的鲜完美融合，型色美、质鲜嫩、香味浓，行云流水的制作过程及独具特色的摆盘形式，让在场的工作人员连连赞叹，感叹鸠帮菜的独特魅力。央视财经频道播出以后，大大提高了鸠帮菜的社会知名度；在芜湖市餐饮（烹饪）行业协会推出的2023年全市45道特色菜品中，鸠帮菜系中的"鸠鼎香芙蓉鳜隹卷"列入其中。这道菜以芙蓉出水般的细腻白嫩鳜鱼卷，衬以鲜艳的蒜蓉酱和白净粉丝，尤其是要保持昂首翘尾的"鱼型"，可谓集'色、香、味、型、器、质、意、养"于一体的典型代表作。而被人啧啧称赞的"古法红烧肉",闪现琥珀光泽,香喷喷、亮晶晶,丰腴软糯,入口即化,让人唇齿留香,更别出心裁的是,它用莲子垫底,既解油荤之腻,又丰富了菜品色彩,可谓匠心独具。

在今后的发展中,鸠帮菜将继续秉持"绿色食材,新鲜品质,极致口感"的制作理念,加强精美菜品与历史文化的有机结合,通过传承与创新,推出更多美味佳肴,让更多人了解并品味到鸠帮菜的独特魅力,并以精益求精的精神进一步提升鸠帮菜的品位和档次以及社会美誉度。

(秦建平)

鸠帮菜的历史文化底蕴

  芜湖有文字记载的历史有 2500 多年，不同的文化传承着历史的血脉。从历史上看，芜湖先后受到吴越文化、楚文化、中原文化、徽文化、西洋文化的熏陶，芜湖文化呈现出来的多样性，也给芜湖这座城市带来了别样风情。

  植根于芜湖这座古城的鸠帮菜，理所当然地受到这种多元文化的熏陶和影响，而作为城市文化载体之一的鸠帮菜就更加体现出这种文化的多样性。

  在"古九州"大概念之下，芜湖属于"扬州"。民国版《芜湖县志》引用《禹贡》《周礼》《书集传》《尚书地理今释》诸典籍，得出结论：芜湖是唐虞三代扬州之地。所以就本质而言，芜湖地方文化与扬州有着先天的联系。

  此后的芜湖，先属吴，再属越，后归楚，终归秦，但土地还是这块土地。同时由于没有大规模的移民，人员交流、物品交换主要还是在扬州大地，历史文化底蕴并未发生本质的变化，地方文化还是以吴楚文化为核心。即使是三国时期发生了第一次较大规模的移民，也没有改变这一格局。据《三国志·吴主传》记载：建安十八年（213 年），"民转相惊，自庐江、九江、蕲春、广陵户十余万皆东渡江"。但由于这些移民多属于原扬州之地，与芜湖人的生活方式、饮食习惯都相差无几，因此没有动摇芜湖地方文化的底根。

对芜湖地方文化带来严重影响是在东晋初年，大量北方氏族平民南迁，他们带来的先进农耕方式、生活方式对芜湖影响很大，尤其是我国"南稻北粟"的农作物生产格局产生的不同饮食习惯对芜湖的影响更大。由于北方氏族平民的饮食方式与芜湖本地人的饮食方式、饮食习惯大为不同，这就导致了与芜湖餐饮文化的交融。据《芜湖县志》记载，在南北朝时期芜湖就出现了"牛饼"这样以麦面为主材的食物。

同样的事情还发生在南宋初年，中原士族的南迁带来了中原（即黄河中下游地区）的生活方式和饮食习惯。由于北方氏族与中原士族又有着不同的生活方式、饮食习惯，芜湖的餐饮文化再一次实现交融。

元代汪泽民（1285—1355年）称芜湖"当南北之冲，邮传、商贾，舟车之所走，集民聚以蕃"；元末明初黄礼则称芜湖为"舟车之多，货殖之富……殆与州郡埒"，而"其居厚实，操缓急以权利成富者多旁郡县人"。这些从"旁郡县"而来的"富者"，无疑是饮食文化的先导者，而芜湖本地"居人"则"甘食美服，日耗金钱"，享受着这多元文化带来的生活方式和饮食习惯。

明清以降，徽商通过芜湖这一"跳板"走向全国，继而又回流徽州，使得芜湖成为码头城市，城市文化的多元性就更加突出了。明代中叶，远在五百里之外的歙县人阮弼就知道芜湖是一个"都会之地，舟车辐辏"。他来到芜湖创业，打造浆染王国，产品畅销"吴、越、荆、梁、燕、豫、齐、鲁之间"，使得芜湖成为当时全国五大手工业中心之一。《三言二拍》卷五《吕大郎还金完骨肉》中就说道：扬州小孩穿芜湖青布。《聊斋志异》中也有山东商人来芜湖经商的故事。这种大范围的交流、贸易必然会对芜湖的地方文化产生

深刻的影响。

明末清初，芜湖先后成为池太兵备道、徽宁池太广分巡道、徽宁池太广道、皖南道、芜湖道，辖皖南二十三县。尤其是1876年通商开埠以后，西洋文化进入芜湖，镇江米市迁来芜湖并成为全国四大米市之一（一称"之首"）。

芜湖历史上就是人口聚集之地，古称"鸠兹"就有"鸠集兆民，于兹乐土"之意。三国时期，徐盛为芜湖令，说明芜湖为万户以上的大县。而康熙、雍正、乾隆年间亦可称为芜湖的"康乾盛世"，刘献廷在《广阳杂记》中说道："天下有四聚，北则京师，南则佛山，东则苏州，西则汉口。然东海之滨，苏州而外，更有芜湖、扬州、江宁、杭州以分其势。"

民国四年（1915年），芜湖城区人口就达到17876户92627人；民国五年（1916年），县属东、南、西、北四乡23373户142539人，城乡合计41249户235166人。此时的芜湖，时任省长吕调元称其"通商要区，大瀛重译，梯航辐辏，长江巨埠，皖之中坚"；县令查钟泰赞道："皖江巨镇，莫大乎此""沪汉之间，此为巨擘"。而《芜湖县志》亦不乏溢美之词"通商以后，繁盛视昔有加"，甚至有"阛阓之盛，甲于江左"之赞。

芜湖人口的这种集聚效应，一方面说明了芜湖的地理位置好；另一方面也说明了芜湖的商业气氛浓郁，而这些都是芜湖历史上餐饮发展发达的基础性原因和条件。历史上形成的这种多元文化和人口集聚效应，无疑给芜湖的餐饮文化不断注入新的活力。而鸠帮菜融百家之长，调和鼎鼐，形成自己的特色，以其特有的"色、香、味、型、器、质、意、养"，脱颖而出，独树一帜。

（秦建平）

鸠帮菜之"鸠"与芜湖

夫子曰:"名不正,则言不顺;言不顺,则事不成。"鸠帮菜作为芜湖本土一个颇具地方特色的菜系,"正名"是其首要任务。那么,芜湖本土的菜系,何以命名"鸠帮菜"?这要从"鸠"字说起。

芜湖本地曾有古地名,号"鸠兹",最早见于春秋时期鲁国史官左丘明撰《左传·襄公三年》:"三年春,楚子重伐吴,为简之师,克鸠兹,至于衡山。"

至于"鸠兹"何以被认定就是"芜湖"的前身?最早提出这一观点的是东晋的杜预。杜预(222—285年),字元凯,西晋时期著名政治家、军事家和学者,著有《春秋左氏经传集解》及《春秋释例》等。他在《春秋左氏经传集解》中说道:"鸠兹,吴邑,在丹阳芜湖县东。"又于"吴郡乌程"下注云:或云丹阳县之横山,去鸠兹不远,似以今当涂之横山为衡山,盖"横"与"衡"本通也,亦见鸠兹之为芜湖矣。这是史志典籍中第一次将"鸠兹"与"芜湖"联系在一起。民国版《芜湖县志》亦有记载:"勾慈港,在县东四十里,即鸠兹也。《左传》:楚伐吴至鸠兹。杜预注为皋夷,《舆地志》为皋兹。今县有勾慈港,西距县四十里,与(杜)预所指在县东之地正合。"

此后相当长的一段时间里，鸠兹从人们的视野和文献典籍中消失。再次看到关于鸠兹的记载，则是在南宋。洪迈（1123—1202年）在《芜湖县令厅壁记》中有"芜湖在春秋，曰鸠兹，盖吴楚必争地"之说。元代则见于民国版《芜湖县志》载汪泽民《浦侯去思碑记》有"芜湖古鸠兹，今为壮县"之说，浦侯即浦沅，元泰定三年（1326年）任芜湖知县，这是再次明确"鸠兹"与"芜湖"的传承关系。与此同时，我们在一些诗作中也看到了关于"鸠兹"的记载。元代诗人戴良（1317—1383年）《送人还芜湖》诗中有"平原带鸠兹"诗句，这是有记载的最早的一首关于"鸠兹"的诗作。

明以后，"鸠兹"见于文学作品逐渐多起来，文人诗作多有关于"鸠兹"的记载和描写，冯梦龙（1574—1646年）在《东周列国志》第六十回专门介绍了"鸠兹之战"，文笔清丽流畅，战事过程描写跌宕起伏、波诡云谲，主要人物个性鲜明突出，语言生动，故事情节完整连贯，不愧为描述鸠兹古战场上那一场惊心动魄的战斗的"经典之作"，读来让人印象深刻。

《芜湖历代诗词》收录了含有"鸠兹"一词的诗作将近二十首。虽然关于"鸠兹"的记载越来越多，到了清代，"鸠兹"与"芜湖"的传承关系才得到官方认定。作于康熙十二年（1673年）的《芜湖县志》明确记有："鸠兹，芜地也。芜之见《经》，始此。"《经》，《左传》也。由于在此之前，我们没有看到任何关于"鸠兹邑"作为行政区划的文字，所以无从判定"鸠兹"究竟是一个行政区划，还是一个自然地名。

而在此之后，关于鸠兹邑的记载就多了起来。明末清初，孙琮在《赭山滴翠轩晚眺》中说道："鸠兹古名邑，设立大江旁。"同时期的还有杜诏（1666—1736年）的《登识舟亭》中有"小小鸠兹邑，人烟杂数洲"之说，这是历代各类作品中比较早地提出"鸠兹邑"的概念。时至今日，"鸠兹即芜湖"的概念逐渐深入人心，《辞海》

中就有两条相关记载：其一，鸠兹，古邑名，在今安徽省芜湖市东。其二，芜湖，市名，在安徽省东南部，青弋江同长江汇合处。春秋吴为鸠兹邑，别名鸠江。汉置芜湖县，1949年，由县析置市。

《辞海》称芜湖的别名为鸠江。而所谓鸠江，则是鸠兹与长江的合称，这一解释出于2008年出版的《鸠江区志》。而"鸠江"一词最早见于崔冕作的诗《南游》曰："爻象乃告咎，爰买鸠江舟。"

鸠兹等于芜湖，而鸠江是鸠兹与长江的合称，足以证明用"鸠帮菜"之"鸠"指代芜湖完全是可以的。

（秦建平）

黄钺笔下的芜湖餐饮文化

晚清一品大臣黄钺的诗作、辞赋、游记、奏折，以及书法、绘画、鉴赏，皆为风物大观，尤其是他从幼小及至终老常年居住于芜湖，对芜湖的名胜古迹、风俗民情、名物特产了如指掌，其诗文描摹生动形象，考述鉴别精审详慎，具有丰富的地方文化史料价值。那么，在黄钺的笔下，那个时代的芜湖餐饮及餐饮文化又是怎样的呢？这与当前正兴盛的鸠帮菜又有着怎样的联系呢？

一、上流社会的宴集文化

鸠帮菜，即芜湖菜，又称鸠江菜，起源、兴盛于清朝中后期，具有明显的地域特征，主要流行于长江中下游地区，是清朝江南大户人家宴请宾客的私房菜品。

一般来说，同僚、老乡的升迁或聚会，免不了要喝上几杯贺贺叙叙，由着酒兴自然而然地还要写写和和的，于是黄钺的作品就有不少出自宴集。如《即席偶成》是这样写的：

卷帘赭山入座，落日红霞满窗。

静听水亭拍浪，宛乘风船去江。

醇醪十盏五盏，健鲥一双两双。

归路城门欲阖，山寺烟钟已撞。

　　这是一首不多见的六言诗，字里行间不仅让我们读到了古人喝酒时的那份雅兴，还让我们读到了那个时代的芜湖风貌和喝酒人的精神面貌。不难看出，餐饮地点应在镜湖边上，就餐人并不多，菜肴也不多，好酒倒是喝了不少，尽管时间已是很晚，一个个仍兴致盎然。

　　说到喝酒地点，黄钺宴集作品所记述的大都在镜湖边上或三昧庵，可见那个时代的镜湖和三昧庵一带就已经很热闹很繁华了。如今百年老店鸠江饭店就坐落在原三昧庵边上，紧挨市中心镜湖及步行街。

　　再如繁昌令张星焕送来湘酃四件，湘酃，指湘东酃渌（一作酃醁），当时特有名气的一种美酒，属古法绿酒。唐代白居易的"绿蚁新醅酒，红泥小火炉。晚来天欲雪，能饮一杯无"，说的就是这种绿酒。古人赞美绿酒的诗词还有："春日宴，绿酒一杯歌一遍。"（五代冯延巳）"令节想君携绿酒，故情怜我踏黄尘。"（宋代王安石）"但觉沧浪远，都忘绿酒浓。"（明代孙七政）"白玉瓶装绿液浆，好酒应留与人尝。"（清代王迥）对于这样的好酒，黄钺没舍得一个人喝，在同几位朋友观看龙舟竞渡时拿了出来，大伙儿开怀畅饮，并诗以记之，从而给后世留下了一笔珍贵的史料。

　　黄钺还在一次晚餐时提到了"钓上乡风"，这虽然只是家食吟咏，但若没有就餐时所赋三首，我们现在怎知晓当时这一渔民文化。通过这三首家食小诗，我们深入了解了晚清名流宴集文化。这首诗的题目尽管很长，但很能说明问题，这里一字不落录入：《夏秋午后，有篮鱼入市者谓之钓上，此芜湖旧俗也。晚饭得鲜鲫二尾，询

即钓上所得，喜其乡风仍在，为赋三绝》。

其一

烟水菘芦罢钓竿，咄嗟而办便登盘。

分明旧日先生馔，五十年来又饱餐。

其二

青鲇巨鲤互骈罗，入市腥风掩鼻过。

何以纤鳞三四尾，半篮秋水养青荷。

其三

手调盐醋作羹汤，贫贱夫妻老不忘。

滋味须知无厚薄，但从清苦得来长。

这三首诗，记录了晚清几道鸠帮菜。诗后，黄钺还特别介绍道："钺家食必先室邵夫人手制。"看来，邵夫人是做芜湖鸠帮菜的一把好手。

"节物随地殊，乡味因俗好。"黄钺的《五日韦户部运标邀食子鹅戏作》写的是芜湖端午节的饮食风俗："端阳古烹鹜，刑鹅阿谁导。于湖此风盛，喂养在啄菢。""冰鳗胡蒜烹，银鲋红苋苠。蒲酒醉氤氲，榴花洗昏眊。"直至现在，芜湖人在端午节尽管不再用榴花水洗目，也很少有人喝雄黄酒，但还保留着吃鸭子、黄鱼、鳝鱼和苋菜、蒜子的风俗。至于"蒲艾簪门，虎符系臂"，至今也部分保留着这一习俗，在端午前买些艾草置于门口，过了端午再将枯干艾草收藏好，隔个若干年取出熏熏居室以消毒杀菌是挺管用的。

二、本土特色的菜品文化

餐饮文化的基础是菜品文化，这在黄钺作品里表现得更是丰富多彩、有滋有味。

从芜湖本帮菜来看，江南鱼米之乡，无论达官显贵，还是平民百姓，见惯了长江鱼、大河鱼、小湖小塘小溪鱼。无论宴请正席，还是家常便饭，各类鱼的做法可谓多不胜数。这在黄钺的笔下，都有着充分的展现。

如《子卿馈石首鱼三头》所写："秋化春来不自珍，一帆京口送江滨。金羹玉饭无人识，辜负于湖雉尾莼。"作者自注："石首鳞色黄如金，和莼菜作羹，谓之金羹玉饭，见《尔雅翼》。莼为芜湖特产，无人采食，故云。"诗中所写的石首鱼，又名黄鱼。这在《食黄鱼》诗中还有个比较详细的介绍："我家中江滨，有鱼多且旨。寻常价亦廉，咄嗟付刀匕。众中黄鱼溯江上，四五月间偶入市……"可见，该鱼属于海洋鱼类，每年四月间溯江而上，能游到芜湖江段很是少有，芜湖人称其为"江鱼"。该鱼味甘性平，十分鲜美，在芜湖很是金贵，清代诗人邵嗣贤在《黄鱼》一诗中写道："四月石首鱼，出水如黄金。"

石首鱼配上芜湖土产莼菜一起做汤，谓之"金羹玉饭"，最能开胃益气。这一羹汤久负盛名，当属芜湖菜品文化的一个经典。

回到黄钺笔下的菜品文化话题，他所介绍的莼羹或曰鱼羹——金羹玉饭，完全可为我们现在餐饮所用。为避免产生歧义或同"玉粒金莼""菰饭莼羹""菇羹鲈脍"相混淆，笔者建议：这里可主打"莼羹"菜品，石首鱼与莼菜做的汤羹，可命名为"黄鱼莼羹"，其他食材如银鱼、鸡脯等与莼菜做的汤羹，可取名"银鱼莼羹""鸡脯莼羹"等。取汤名，亦可，须知国宴经常用的一道汤菜就叫"清汤

莼菜"，食材除了西湖莼菜，还有火腿、笋干等。

为使莼菜更具形象化，再欣赏黄钺的一首《于湖竹枝词》：

> 韭黄芹碧蒌蒿短，甘荠和泥称足斤。
> 底事羹材征不到，莼丝一任绿如云。

不待见到食物，单凭"莼丝一任绿如云"这一句，便勾起极大的食欲。

除了莼菜，这首竹枝词还提到韭、芹、蒌蒿、甘荠等多种园栽和野生蔬菜，由此又让人想到芜湖的另一特色菜——八宝菜。

八宝菜在黄钺诗中曾多次提到，较为详细的是《岁暮十咏》，其中《安乐菜》一首写道："五辛盘昔供新春，易名安乐除夕陈。胡芦菔红腐干白，细刬芹笋千丝匀。屑姜糁盐错杂炒，亦有人家呼八宝。今年安乐胜去年，明年更比今年好。猪羊浊腻鸡鱼腥，老夫爱此风味清。寻常咄嗟亦可办，况专节物称嘉名。灯前儿女炙争嗋，馋叉谁向陶盘内。人生安乐慎勿忘，愿尔年年啖此菜。"五辛盘又称春盘，即在盘中盛上五种带有辛辣味的蔬菜。古人元日有食五辛的民俗，意在尝辛（新），亦即迎新，还在于祛浊，发五脏之气。可见这安乐菜在晚清就是八宝菜，又可称作五辛菜。

需要说明的是，今人已不再有五辛盘及五辛菜的概念，仅留有八宝菜一说。如今芜湖的八宝菜，因其所用材料更多，做工更为讲究，味儿也更鲜美，不仅成了春节家宴上的一道必备菜肴，就在平时也备受欢迎。八宝菜，菜名通俗且亲切、吉祥，经鸠江饭店整理并提升后，成为现今109道鸠帮菜中不可或缺的一道冷菜。

文字写到这里，笔者想起了母亲在世时为我们做八宝菜的整个过程乃至每个细节，特别是妈妈做出来的那只属于家、只属于记忆的味道。多少年过去了，虽然年年都吃八宝菜，但再也吃不出妈妈菜的味道了。

　　菜，不仅仅在于吃，更在于品。餐饮，不只是吃吃喝喝，更是一种文化，但望我们能从黄诚的诗文里得到一些启发，特别是我们在开发鸠帮菜时，能得到一些启发。

（张双柱）

鸠帮菜是沿江菜系杰出代表

鸠帮菜作为安徽菜的代表作之一，是江南人家比较青睐的口味。古典名著中多有记载。如：

菜花甲鱼菊花蟹，刀鱼过后鲥鱼来。
春笋蚕豆荷花藕，八月桂花鹅鸭肥。

这样的顺口溜非常质朴，虽流传于民间，却比较鲜明真实地表现了沿江城市的食俗趣味。清末，李鸿章花心思将镇江米市迁到芜湖，众多米帮也随之而来，他们带来的不仅仅是大米、商机，还有淮扬菜文化，促进了芜湖菜的变革。

芜湖地处安徽腹地，是交通中心、南北枢纽，芜湖菜品兼容安徽南北风味。芜湖成为中国四大米市之一后，将淮扬菜和徽菜有机结合，形成了拥有本土特色的鸠帮菜。

芜湖菜，俗称鸠江帮，属于安徽菜系中的沿江风味。沿江风味以烹调江鲜、河鲜、家禽见长，讲究刀工，注意形色，善于用糖调味，擅长红烧、清蒸和烟熏技艺，其菜肴具有酥嫩、鲜醇、清爽、浓香的特色，代表作有无为板鸭、毛峰熏鲥鱼、清香盐焙鸡、生熏仔鸡、火烘鱼、蟹黄虾盅等。

沿江风味，主要流行于沿江，以芜湖、安庆地区为代表，后传到合肥地区。芜湖濒江，水系纵横，素称鱼米之乡，又是米帮和徽商驰骋之地，菜品带有淮扬菜和徽菜风味，颇擅长烹饪家禽，在饮食方面既包容开放，又个性鲜明。芜湖的主食是白米饭，水产以淡水鱼为主，菜品咸鲜偏辣，早点小吃品种丰富，名目繁多。

鸠帮菜兴盛于清末，徽商在芜湖的崛起也带来了文化的飞跃，其中就包括饮食文化。然而，随着西风东渐，上海等新兴城市的兴盛，鸠帮菜在民国初年即告式微，且渐渐淡出了人们的视野。

季羡林在《长江流域的饮食文化》中说到徽菜与沿江菜时说："元代的芜湖，已是'晚渡喧商旅，严城沸鼓茄'，一派繁华景象。到清代中期时，芜湖米市日兴。19世纪中叶以后，芜湖被辟为对外商埠，安徽境内的长江两岸和江西东北角地区所产稻米，以此为集散地，运往上海、南京、广州、厦门、武汉、天津、青岛等地，粮商四集，使芜湖成为四大米市之一。这是芜湖饮食业发展的鼎盛时期，由于南方客商多，饮食业在烹调技术和风味上都有了一些改进和提高。"

新中国成立以来，尤其是改革开放以来，鸠帮菜迎来了它的第二春。"风消樯碇网初下，雨罢鱼薪市未收"，历史上，城内东门就有水汽氤氲的鱼市街、河豚巷、螺蛳巷，城南长虹门外有干鱼巷。极负盛名的"芜湖三鲜"，就是盛产于芜湖段长江里的刀鱼、鲥鱼、螃蟹（一说河豚）。民间流传着"清明挂刀，端午品鲥鱼，金菊飘香螃蟹矶"的说法。虽由于生态环境的变化，"三鲜"中的前两鲜已极为少见，但芜湖的鱼鳖虾蟹等水产品仍是非常丰富。水产丰富，做成佳肴口味清淡，适合了人们养生保健的时尚需求。山重水复疑无路，柳暗花明又一村。鸠江饭店、同庆楼、四季春等一批百年老店经过资产重组，优化组合，又焕发了新生，并不断拓展新业务。

近年来，融淮扬菜和徽菜于一体的芜湖菜，随着外来经济与文化的进一步落地与融入，传统文化的复兴，又催生了饮食文化的二次嬗变，中西餐遍地开花，传统特色小吃如春草再生，丰富和提高了芜湖菜的体量与品位。尤其在经过各级媒体的宣传之后，芜湖饮食业励志前行，不负众望，佳绩频频，无疑助推了芜湖菜的繁荣。

（柳拂桥）

鸠帮菜的野蔬食材源

古代芜湖主要是吴越人的聚居地，现代生活却泯灭不了从上古采撷生活中传承下来的一些传统食俗，人们喜爱在不同季节采野生植物做成佳肴，尤其是春夏季节。芜湖老一辈常说：常吃野菜清凉败火。鸠帮菜的野蔬食材主要有以下十一种：

一、蒌蒿

蒌 蒿

苏东坡有诗云："蒌蒿满地芦芽短，正是河豚欲上时。"说明在河豚上市的春末，蒌蒿处于萌发阶段。蒌蒿，芜湖人叫它"芦蒿""鱼蒿"，是多年生草本植物，生长于江洲滩和圩区。村妇们掘其根回来重栽催肥，即在破篮旧筐里放一层沙土加一层草灰，蒌蒿铺满，上盖一些草，置于室内，每天洒点水，待其根长得肥壮白嫩时，即可扒出洗净而出售。

唐朝孟诜云：蒌蒿可"生捋醋食"，可见那时蒌蒿已可生拌而食，后来才炒成菜肴。蒌蒿买回来要摘去主根周围的细须、老蔸及尖上的叶子，掐成半寸长，洗净沥水，用以炒鲜肉丝或腊肉丝，也可汆沸水捞起加酱油、麻油、糖、醋凉拌，食时脆嫩鲜爽，有特别的清香。

蒌蒿性寒，正如老人们常说"鱼蒿滑肠"，因它在肠内不易被吸收，多食可致稀便，故而有利于便秘者食疗，少吃可明双目、清内热。

二、荠菜

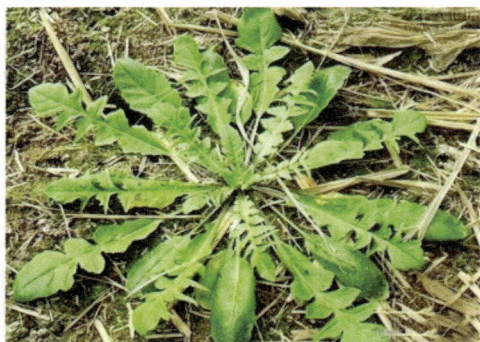

荠　菜

芜湖民谣云："三月三，荠菜花儿赛牡丹。"说明到农历二月下旬荠菜就已抽薹，到三月三花蕾绽放就不能吃了，但仍可作药用。

荠菜因"济济而生"而得名，生于地垅、田边、路旁和野地，春节前就可以挖了，以菜地里长得最为肥大，但香气远逊于野生者。作为菜肴时要择去杂草，剪去长根，洗净后或加入肉末做成圆子，或加入豆干肉丝包成春卷入油炸，还可炒食，或汆沸水后挤干切碎加麻油、盐或其他辅材凉拌。荠菜入口清香，新春的野荠菜比人工栽培的要香得多，但后者较嫩且肥。

人们食荠菜已有3000多年的历史了。《诗经》中就有"其甘如荠"的记载。苏东坡食荠菜后赞叹：天然之珍，虽小甘于五味，而有味外之美。

人们对荠菜的药用价值也进行了总结。如李时珍在《本草纲目》

中说："（荠）利肝和中，明目益胃。"故而有的老人体质衰弱，头昏目暗者，可用荠菜和粳米炖吃，清香开胃。其实，荠菜有很高的营养价值，富含植物蛋白质、粗纤维及多种维生素，所含荠菜酸有止血特效。

三、马兰头

马兰头是多年生草本菊科植物，又名路边菊、田边菊、紫菊、绀菊，广泛生于路边、田边、水边，采摘其红梗嫩头作蔬菜。马兰头秋季则抽茎分枝，枝头开淡紫色多瓣黄

马兰头

芯小花，甚为清秀素雅，为插花、入画之野花。

摘来的马兰头要除去老叶，洗净后入开水烫过，芜湖当地人叫"掸一下"，捞出待冷却去水切碎，加盐、麻油凉拌，也可加点水辣椒或腐乳卤水，则其味更鲜美，清香扑鼻，是佐食、下酒的美食。马兰头不能炒食，但可切宰放入米中煮饭、煮粥吃，米饭或粥呈淡绿色且有香味，十分爽口。

清朝医学家王士雄在其所著《随息居饮食谱》中说：马兰"甘辛凉，清血热，析醒解毒，疗痔杀虫"。叶橘泉在《食物中药与便方》中说："甘、平、微寒、无毒。"经营养分析，马兰头富含矿物质、维生素和有机酸，清热解毒，凉血止血，利尿消肿，可用于辅助食疗。

四、枸杞头

枸杞头

春来枸杞萌芽抽苗，这苗就是枸杞头，俗名甜菜头。芜湖人常买回掐去下端较硬的，洗后氽沸水后捞起挤去水，切不可久烫，否则不脆。如此青翠嫩头，不切碎而加盐、麻油和醋调拌，嚼之齿颊留香，是佐食助酒的绝佳菜肴。

枸杞古称天精、地仙、仙人杖，是茄科植物，其得名还很有趣。明代李时珍说：枸杞为两种树的合名，其棘如枸之刺，其茎又如杞之条，故名之枸杞。它丛生于山坎、路边、河坡、宅旁，其果实秋熟艳红，是补肾益血、养阴明目的滋补品，故而唐代孟诜在《食疗本草》中说："叶及子，并坚筋能老，除风，补益筋骨，能益人，去虚劳。"

五、芦笋

芜湖人爱吃的芦笋产于长江的洲滩。

芦亦名苇子，是全身宝物的禾本科植物，秆高如竹，可造纸编席，叶片可裹粽子，地下根可掘作药引。春天二月由地下宿根透出的嫩芽破土而出是为芦笋，可作蔬食。拔作食用的芦笋最好长15至25厘米，但农民一般是舍不得拔的，因为春拔一节笋秋少一根芦。人们只拣长得密而细的芦笋拔取，拔来的芦笋先剥去皮，掐去蔸，置沸水煮熟，捞起入清水浸泡以祛其涩味，否则是不能炒食的。芦

笋可切成片或丝炒肉片或肉丝，或切成滚
刀块加肉块红焖，或切丁加豆干和辣椒酱
炒成杂酱，也可凉拌。如今已制成清水罐
头供使用者再加工成菜肴。

芦笋脆嫩清香，是良好的野蔬，但不
宜多吃，因粗纤维多在肠中不吸收，但可
作便秘者之食疗。芦笋含有蛋白质、矿物
质及维生素，性寒，味甘，清热，生津止渴。

芦笋

六、野笋

芜湖人爱吃笋，春深时节必
买，以作菜肴，正如唐杜甫诗云：
"青青竹笋迎船出，白白江鱼入馔
来。"白居易也说："紫箨坼故锦，
素肌擘新玉。每日遂加餐，经时不
思肉。"李商隐说笋是"嫩箨香
苞"，李笠翁则赞笋为"蔬食中第
一品"。清郑板桥爱竹画竹，其诗

野笋

有"江南鲜笋趁鲥鱼，烂煮春风三月初"。他们道出了食笋的季节并
称赞其味鲜美。芜湖人爱食野笋甚于毛竹笋。

芜湖市场上的野笋多来自繁昌、南陵一带丘陵山地，如繁昌的
湾店村就有大片的野竹林海，盛产细细的野笋。野笋种类有很多，
有水竹笋、淡竹笋、金竹笋等，以水竹笋最佳。春深时野竹如袖箭，
破土射出，15—25厘米长者最适合，擗去皮，扎成小把出售，是芜
湖人由春入夏的家常菜。

买来的野竹笋要掐去一些老兜，撕去残留硬皮，置刀板上用菜

刀拍扁使其裂开，切成一寸长的小段，或切成片，洗净与鲜肉片或腊肉片煸炒；也可与肉块红烧；还可煮过捞起切丝凉拌，鲜嫩爽口，是开胃助饮的佳肴。芜湖人常爱以野笋烧荠菜，即将腌的酸荠菜切碎与野笋段同入油锅煸炒，加少许水略焖，即可装盘佐食，有的人爱加点水辣椒。此道菜清香，有果酸味，鲜嫩，生津开胃。野笋还可煮熟捞起沥水，加盐腌渍入罐用石块压之，伏天缺菜时取出切碎，加水辣椒油炒，酸脆爽口，是夏日吃粥的好菜。还可煮熟后晒干，冬季用来炖肉、炖骨汤，也很鲜美。

野竹是禾本科植物，春深萌发的嫩芽抽苗即笋，在《尔雅》中称之为"竹萌"，《说文解字》曰"竹胎"。为何曰笋？《本草纲目》引陆佃语："旬内为笋，旬外为竹。"即笋出土后旬内拔最好，旬后就分枝绽叶成竹，可见其生长之快。野笋味甘，微寒，有消渴、利尿、益气化热等功效，含有蛋白质、氨基酸、钙、磷、铁、胡萝卜素等，是富有营养之野蔬。

七、茭儿菜

春深时节芜湖人爱吃茭儿菜，茭儿菜是野生茭白的嫩心。栽培的茭白也可抽芯，但影响茭白的产量。野生茭白丛生或成片长在水沟、塘坝、滩地、沼泽，春来由水下宿根抽苗长出水面，到春深就可拔其壮苗，直接扎成把或擗去壳叶露出白嫩的芯扎把出售。过去芜湖民谣云："茭儿菜，水上漂，乡里姑娘爱拔苗，到了城里卖了钱，买根红绳扎辫梢。"

故乡人常说："茭儿菜白嫩好，潽蛋汆汤有味道。"这说的是用它制作的两道美食。一是将买来的茭儿菜切成小段，洗后置沸水中稍煮，缓缓倒入打好的鸡蛋，汤里放些盐，也可倒点酱油，略煮片刻，让蛋凝于茭儿菜周围，淋入猪油起锅入盆，即成茭儿菜潽蛋汤；

二是把肉丝、肉片用刀背砸几下，加酱油、盐、豆粉勾芡，搛入有茭儿菜的沸汤里略煮，即成茭儿菜氽汤。这两道菜均味道鲜美。也有人做成第三道菜，即将茭儿菜和肉丝煸炒，也是一道脆嫩可口的菜肴。

茭儿菜是禾本科多年生植物菰的嫩茎，性甘凉，含蛋白质、碳水化合物、磷、钙等物质，有解热毒、利二便等功效。

茭儿菜

八、野菱角菜

菱，又名芰，菱科菱属一年生水生植物，有野菱和家菱之分。野菱纤细棵小，结果小，壳有刺角；家菱是栽培品种，又叫乌菱，粗壮棵大，结果大，壳有钝角。

故乡人喜以野菱作蔬菜，俗名小菱、刺菱。农家女用两根竹竿插入水中，卷动竹竿拉取藤蔓，或坐船去捞扯，回家后去叶、茎须和下边的老茎，洗后置大锅中烀熟，再绕成小把上市出售。人们买回仍要重新清洗水煮，切碎后入油锅，加入盐、水辣椒及蒜子煸炒，炒一会即可入盘；也可加盐腌渍再炒食，则味酸而开胃。

野菱角菜

野菱角菜细嫩清香，鲜而爽口，可助食下饭。因煮后仍会含有少量鞣酸，有收敛作用。家菱也可如上法作菜肴，但无野菱味佳。

家菱多植于肥沃的塘里，不易清洗：野菱多自生于清水沟塘，易于清洗，较为卫生。

九、地踏皮

地踏皮

地踏皮，又名地衣、地耳、地踏菰，生于原野湿地，状如木耳，是藻与菌的结合体，半透明，呈淡绿色，春夏遇雨即生，雨过即采，否则即干缩不堪食，但可储作药用。

买回地踏皮要仔细清除附着其上的杂物，清水漂洗多次，沥水后入油锅，加盐、水辣椒、葱花轻轻翻炒，因地踏皮本身含水，炒时不宜加水，食之滑脆爽口。也可入开水氽过，沥水后加酱油、麻油、水辣椒、葱花、盐、糖、醋凉拌，更是佐食下酒的美味佳肴。

地踏皮味甘性寒，含蛋白质、糖类、维生素等，能清热解暑、凉血明目，是消夏之好菜。如药用，是以鲜地踏皮研汁涂抹，干后再涂，溃烂处勿用。

十、鸡头梗子

鸡头梗子即野生芡实的梗，属睡莲科芡属水生植物，生于池坝湖塘浅水中。性甘平，滞涩无毒，因其含单宁酸，作菜肴可健脾敛肠止泻。

鸡头梗子表面有刺，要用小钉耙勾拉，撕去有刺的皮才可扎把出售，买回清洗切

鸡头梗子

段，下油锅翻炒，加盐和红辣椒、蒜子或葱花，炒皮软后加少量水略焖，即可成菜肴。此菜滑嫩味鲜，开胃下饭，夏日佐食可止一般腹泻，性同野菱角菜，是芜湖人夏季的家常菜。

十一、马齿苋

马齿苋属马齿苋科，一年生草本植物，因叶片形如马齿，叶揉之滑腻似苋而得名。因多生于路边，茎叶平卧于地而踩不死，踩后落下千脚泥，反而生长蓬勃，所以又叫长命菜。其性耐旱，是救荒食物，也供食疗。

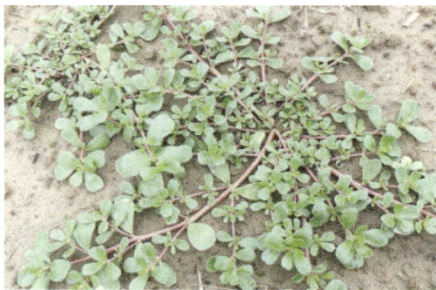

马齿苋

马齿苋铲取后要摘去老梗，拌入草木灰轻揉，使其滑腻之酸汁与草木灰中所含碱分中和而减少其酸味，也便于晒干储存，因而买回的马齿苋已是细黑的干菜了。鲜马齿苋也可清洗后入开水余过，不宜煮，烫皮软后即捞起晒干。鲜马齿苋因有酸味而不作炒食，但也有爱吃酸者食之津津有味。

干马齿苋要洗过后放右肉块里焖透再作菜肴，也可放入油锅煸，加辣椒、盐、水略焖而素食，是不易馊的夏菜。芜湖民间多以灰渍干制。

马齿苋是天然抗生素的载体，可抑制肠道细菌，故芜湖民间多用以辅助治疗肠炎、痢疾等。其实唐代孟诜早就在其《食疗本草》中说过：马齿苋"细切煮粥，止痢，治腹痛"。

（胡　相）

鸠帮菜的荤菜食材源

鸠帮菜作为芜湖地方菜系，食材自然主要来自芜湖本地。芜湖地处长江以南，亚热带湿润季风气候，具有四季分明、热量丰富、光照适宜、雨水充沛、无霜期长的特点，芜湖襟江带湖，河塘密布，沟壑纵横，土地肥沃，素有"鱼米之乡"的美称。黄钺有诗云："猪羊油腻鸡鱼腥，老夫爱此风味清。"黄钺赞的是"八宝菜"，但也说明鸡鱼肉蛋是芜湖地区的常见食材。

一、芜湖的河鲜

芜湖及周边区域水源充足，水质清澈，土质中有机质及氮磷钾含量丰富，饵料资源品种多样，水生藻类及浮游生物给鱼、虾、蟹、鳖的生长提供了良好条件。芜湖素有"荤八仙"之说，即青虾、河蟹、剪刀肉、螺蛳、泥鳅、黄鳝、甲鱼、鲫鱼，虽不能登大雅之堂，却是芜湖人特别喜爱的食材。

（一）鱼

鱼作为河鲜的大宗，在芜湖也是历史悠久，种类繁多。北宋初年林逋诗曰"雨罢鱼薪市未收"，芜湖古城至今仍有"鱼市街"之地名。

芜湖鱼的种类，1993年版《芜湖市志》称有9目20科57种，而旧志记载的芜湖本地物产鱼类亦有30种，不仅有"长江四鲜"中的鲥鱼、刀鱼，而且有现代"四大家鱼"青、草、鲢、鳙，《芜湖县志》特别注明"河南丹阳铺一带蓄养大都为幞头、鲢子"。"幞头者"，言其状像古人帽子，称之为"幞头"，鳙鱼也，本地俗称"胖头"。黄钺有诗曰"啖茹何甚煮幞头"。此外，《芜湖县志》还记载有常见之鲤、鳊、鳜、鮰、鲇、鳝、鳗、鲈、鳅、鳣等，像鲫鱼这样的寻常杂鱼等都不在记录之列。其实芜湖最著名的应是河鲀鱼，芜湖古城历史上还专门设有一条河鲀巷，至今尚存。

芜湖人食鱼有得天独厚的条件，而在众多的鱼鲜之中，芜湖人对鲥鱼有着特殊的喜好，但由于近年来长江鲥鱼淡出了人们的视野，所以"鲥鱼"已经逐渐成为芜湖人心目中的记忆。在芜湖众多的鱼鲜中，鲈鱼是一个特殊的存在，古人常借鲈鱼表达思乡愁绪，如"无酒问山店，忆鲈听村笛""莼鲈虽可恋，不似季鹰归""眼前世事莼鲈外，不与幽人思料中"。《晋书·张翰传》："因见秋风起，乃思吴中菰菜、莼羹、鲈鱼脍。"萧云从："莼嫩鲈肥尽可餐，归思岂只一张翰。"

（二）虾蟹鳖

旧志将虾、蟹、鳖、螺蛳、河蚌等统称为"介类"，其中尤以芜湖青虾、大闸蟹和中华鳖为最。

芜湖青虾，又名草虾，体色较深多为青褐色，壳薄肉嫩味美，全身覆盖甲壳，色泽鲜亮呈半透明状，是芜湖地区最具特色的水产品种之一，其中陶辛青虾被国家批准为农产品地理标志产品。

芜湖不仅地名有螃蟹矶、蟹篮渡（现称海南渡）等地名，而且芜湖古人以"蟹"入诗为最多，有"酒壶及霜蟹""篙师知蟹窟，取以助清樽""螃蟹九日肥""扬子江头古石矶，秋来却羡蟹螯肥"等诗句。黄钺有"爬矶紫蟹入帘肥"，其自注为"江蟹上驿矶，爪为之秃，谓之爬矶蟹，最肥美"。爬矶蟹蟹黄厚实、肉白细嫩、丰腴鲜美，是秋高气爽之时，赏菊饮酒的佳美之物。

巧合的是，由于蟹与鲈皆是秋天食材，古人多将二者并称，"雅说君谟蟹，诗征张翰鲈""稻香鲈美日，酒绿蟹黄秋"，一是蟹与鲈并美，二是寄情于物，表"秋思"之感叹。同样，"以蟹入诗"，也表一番豪情，"双螯丰酒且同持""有手唯应擘蟹黄"。

芜湖本地鳖，又称甲鱼，官方称其中华鳖，其肉质鲜美，含有大量人体所需的营养成分，属于《国家重点保护经济水生动植物资源名录》中的物种。现在市面上供应的多为人工养殖的，尤以马蹄鳖最受消费者欢迎。

二、芜湖的家禽家畜

芜湖及周边地区饲养家禽家畜的历史悠久，传统家禽有鸡、鸭、鹅，传统家畜有猪、牛、羊。由于芜湖天然牧草优质，再加水面众多，野生藻类、浮游生物以及小鱼小虾螺蛳等饲料资源也十分丰富。

尤其是芜湖位于稻米农作物产区，秸秆以及农产品加工产生的副产品都成为饲养家禽家畜的饲料。

（一）家禽

民国版《芜湖县志》在介绍芜湖本地物产时，将"鸭"放在第一位。这可能与芜湖早期地处沼泽之地，水鸭子、野鸭子驯养家化且饲养数量大有关。但从史书来看，江南一带食鸭的记录最晚不迟于南北朝时期。《资治通鉴》中有梁太平元年（556年）"炊米煮鸭，人人以荷叶裹饭，娓以鸭肉数脔"的记载。

家禽养殖本是芜湖地区农家主要副业之一，芜湖本地的鸡、鸭、鹅多为本地土种，除它们本身觅食能力强之外，农家饲养多喂稻谷，因而其肉肥厚且香嫩鲜美，营养丰富，并有较高的经济价值和药用价值。

本地土种鸡一般并无特别的名称，就鸡而言，仅以黄、黑、白毛予以区分，南陵"三黄鸡"，在清时就有饲养，但如果联想李白的"黄鸡啄黍秋正肥"之说，南陵三黄鸡的历史还要改写。繁昌区五华鸡是安徽省第一批畜禽保护品种，并被认定为国家级畜禽遗传资源。2023年获得农业农村部"名特优新农产品认证"。

除鸡之外，鸭、鹅也是与芜湖人同生共栖，古人诗曰"主人入夜门未掩，蒲响满堂鹅鸭归""比邻鹅鸭闹""鹅鸭闹争门"，好一幅其乐融融的乡村家居图。鸭的品种主要是麻鸭和白鸭以及"百日红"。鹅则主要是大白鹅，少量雁鹅，还有称作"四季鹅"的。

（二）家畜

民国版《芜湖县志》记载：芜湖地区家畜有"牛、马、豕（猪）、羊、犬（狗）、骡、驴"等，其中以猪、牛、羊，尤以猪为主。过去，在农村地区（包括少量城市住户），家家养猪，富家养

3～5头，小家寒舍养1～2头。过年杀猪，是普遍习俗。芜湖地处圩区，故芜湖及周边地区养的猪皆为圩猪。圩猪又称为"大耳朵""油葫芦"，为本地土种，早熟、易肥、肉质好。饲养比较粗放，由于其耐粗饲料，尤其是耐青饲料，所以圈养放养均可。后来不断引进外地种猪，进行优育改良，南陵圩猪被列为安徽省地方优良品种。

芜湖地区雨量充沛，阳光充足，且圩埂多，湖滩多，因而多有借此养牛、羊者。本地牛、羊以放养为主，但规模不大。《芜湖历代诗词》中有"牛羊下暮山""日夕牛羊过""石与牛羊乱""荒城春草见牛羊""牛羊满涧阿""夕供牛羊宿"等描述，说明牛、羊饲养在芜湖是寻常百姓家事。

由于芜湖水净草肥，所以芜湖本地羊肉质细嫩，深受消费者欢迎，"羔羊充市脯，到处列腥膻"。芜湖在南北朝时期有过"牛饼祭（白马）洞神"之事，可见牛肉也是当年食材之一，宋孝武帝大明七年（463年）禁止此俗。

马和骡，主要从事运输驿递之事。在芜湖地区，因"养马"而冠以"马"名之地很多，一般不将马肉作为食材。驴肉在芜湖也很受欢迎，但供应量少，有"天上龙肉，地上驴肉"之说。至于狗肉，也是食材，但芜湖俗话有"狗肉不上席"，难登大雅之堂，在此一笔带过不表。

（张双柱　秦建平）

鸠帮菜的助宴之酒

民国版《芜湖县志》卷三十五在介绍"芜湖的酒"时，有这样一段话：光绪初年（漕酱业）共二十余家，嗣以户口日繁，逐渐加增，本年（1919年，笔者注）在商会注册者共计三十六家，其自行酿酒者十八家，常年营业收入约四十万元。惟近以捐税过重，城乡不均，销场滞涩，因之烧锅日渐减少。

关于这一时段"芜湖的酒"，《芜湖县志》卷三十二有介绍："实业志"上有百益酒、延寿益酒。

"百益酒"最早见于乾隆版《芜湖县志》，"合药为酿，醇酽滋补，每包四罂，以相馈饷"，俨然是芜湖人送礼佳品。"罂"者，盛水贮粮之容器，在这里似乎就是"酒坛子"。而延寿益酒最早见于嘉庆版《芜湖县志》，"能治百病，邑河南尚义斋刘子和制，四方争购之"，民国版《芜湖县志》沿袭之，但在民国初年已然歇业。

黄钺在诗作中还提到两种酒：一曰"但沽雪酒酽寒江"，他在《于湖竹枝词》中自注为"雪酒，澛港酒名，盖取雪水合酿，故名"。一曰"生白酒"，诗曰"短水标新望，开生索价廉"，自注为"芜湖酒店，每冬月必以红纸褐其望，曰'短水生酒'，江淮则书某日'开生'"。

关于"芜湖酒"的社会评价颇高，清人刘廷玑撰文称："京师馈遗，必以南酒为贵重，如惠泉、芜湖、四瓶头、绍兴、金华诸品，言方物也。""方物"者，馈赠之土特产也。

关于"尚义斋刘子和"，笔者没有听说过，估计"歇业"久矣。但 1993 年版新修《芜湖市志》却有"民国二十年，河北人冯焕文、冯斌卿在大砻坊开办聚兴益酒厂，生产大曲酒"的记载。该厂后来经过公私合营成为芜湖市弋江酒厂，生产"弋江大曲""江城酒"，其中"江城酒"一度风靡全城。

此外，芜湖还有"水阳酒"，潘耒作《芜湖关》，诗曰："购书填客箧，载酒压江涛。"自注为"市上买书数种，水阳酒百瓶"。袁枚在芜湖，"故人闻讯纷纷来，争携鲁酒谈齐谐"。这"水阳酒""鲁酒"显然不是本地酒，但本地酒也有一些特色，如窦遴奇"开樽腊酿琥珀红"，显然是一种红酒了。袁昶"盏顷寒碧蒲桃酒"，蒲桃酒就是葡萄酒吗？显然是的。袁昶作为洋务派，在芜湖多与洋人打交道，诗中出现葡萄酒这样的洋酒自然也是情理之中。

至于许锐"糯熟呼儿酿玉缸"，这是酿米酒无疑了。还有"白酒""春酒""浊酒""菊酒""腊酒""药酒""丰酒"等，则是随时令（场合）而称，或自谦而已。而"吴姬酒"则出自宋登春《芜湖沙洲阻浅》"欲买吴姬酒，能招楚客魂"。

《张安国约同赋仇氏匦瓮酒》中还记载了一种"匦"酒，该酒的功效可能是"祛暑"，如诗句"人间炎热不可耐，君家瓮头春未央"，此酒是用秘方酿造的，见诗句"后生那得识此酒，从君乞方还肯否？"，此诗为张栻所作，其时他与张孝祥一道前往仇氏朋友处品酒作赋。

（秦建平）

芜湖酒是清初五大名酒之一

宴席在古时称为"筵",是一种必须遵循固定礼仪程序的聚餐形式,也是古人展示礼仪的最重要场景。而酒作为礼的化身,正是宴席中体现礼仪的关键一环。所以民间千百年来口口相传"无酒不成宴席"。

鸠帮菜宴席,清初以来,是以何种酒助兴的?答案是芜湖酒。

芜湖酒曾被清初好饮善饮且颇为廉洁的官员刘廷玑在其著作《在园杂志》中列为南方名酒系列第二名:"京师馈遗,必以南酒为贵重,如惠泉、芜湖、四瓶头、绍兴、金华诸品,言方物也。"由此可见,京城官宦人家礼送往来的时尚酒是南方的这五种酒。惠泉酒如今已有无锡认领,绍兴和金华是老酒一类,而四瓶头不可考,有人说是今江西四特酒的前身,存疑在此。芜湖酒处于第二的地位,不可以不作细致的考究。

有必要简单介绍一下刘廷玑的生平。刘廷玑(约 1653—1716年),字玉衡,号在园,辽阳人,祖籍河南祥符(今属开封),康熙间任处州(今浙江丽水)知府,康熙三十一年(1692年)任江西九江观察副使。康熙南巡时,亲书两块匾额给他:一是"拊循江表",二是"旧德贻谋"。这让他声誉四起,地方官员纷纷巴结他,以与京

城官员联络。馈赠之品——酒，成为必备之品。芜湖酒正是在此时成为南方系列酒中的名酒的，来往于江淮运河之间，是京城官宦宴席中的常备之品。

历经乾隆、嘉庆、道光三朝，曾任礼部、户部尚书的黄钺在他的《于湖竹枝词》中也说在青弋江即河南的澛港出产的一种酒相当有名。这种酒名叫"雪酒"。且看他的五十首竹枝词中的第四十三首："吴姬水调改新腔，西舫东船月满窗。我昨维舟澛港驿，但酤雪酒酽寒江。"雪酒，盖取雪水合酿，故名。由此可知，作为清初南方五大名酒之一的芜湖酒，雪酒在其内，另外，百益酒和延寿益酒也很可能包括在内。

呜呼，想不到清代初中期闻名全国的芜湖酒于今失传了，这让好饮善饮能饮且欣赏鸠帮菜的人们，拿何种酒来助宴席？

（姚永森）

薪火传五世　鸠帮终成菜

芜湖地处皖江，历来为皖南重镇，域内水产禽类极为丰富，以当地水禽土特产为主要原料的烹调技艺有着悠久的历史。进入20世纪，随着芜湖开埠和米市的建立，芜湖一地的社会风气已经发生了根本性的变化，传统社会中重仕轻商的观念已经得到彻底的改变。当时有人评价："外商纷至，轮舶云集，内外转输沪、汉之间，此为巨擘。新机日辟，文化遂兴，郁郁彬彬，人才蔚起。"（民国版《芜湖县志》载：查钟泰《芜湖新修县志序》）由此产生了深刻的社会变革，"芜湖自光绪初元立约通商，华洋糅杂，趋利者不惜扫庐舍、刊邱垄以填外人之壑。荒江断岸，森列楼台……"（余谊密《芜湖县志序》）。芜湖城市的现代化走的是以外贸为先导，以商业为支撑的发展路径。到20世纪初，芜湖街头已是饭店林立，茶馆、酒肆、客寓等随处可见，较为著名的有林翠轩、太平春、倚陶轩、广东酒家、同和兴、七八九等。这些酒家的老板，除极少数是广州人、江浙人迁居芜湖外，绝大多数都是芜湖人，因此菜肴具有浓厚的江南水乡风味。

此外，早在1905年前后，芜湖就陆续开通了与庐州、无为、和县、巢县等江北地区的轮运业务，便捷的交通，加上繁荣的商业，吸引了大量民众来芜湖经商，其中就包括1914年从和县来芜湖开设王正鑫客寓的第一代传承人、创始人王睿亭，王睿亭师承王荣余。由此，开启了鸠江饭店百余年的传承史。

王睿亭，别名王忠志，1899年出生于和县西梁山青石乡，其父亲王正鑫在当地开了一家规模不大的饭馆，一家人赖此度日，虽谈不上大富大贵，日子倒也过得有声有色。可惜好景不长，王睿亭三岁时父亲去世。此后母亲将其抚养长大。"十岁时入私塾认字读书，三年（1914）十五岁随母到芜湖利济巷开设王正鑫客寓。民国二十一年（1932年）家母逝世，我继承母志，仍营客寓。"（20世纪50年代初王睿亭在《商业开业复业调查表》"经理人具体情况"一栏中亲笔所填）

通过王睿亭的自述材料可知，王睿亭的成长经历是比较坎坷的，他三岁丧父后，就跟着母亲艰难生活。王睿亭母亲虽然只是一个家庭主妇，但非常注重对王睿亭的培养。从当年那份自述材料的一笔工整字迹可以看出，王睿亭具有一定的文化基础，这在当时是非常可贵的。王睿亭母亲一直不满足于在和县的生活现状，江南的芜湖早就成为她下一步扩大经营的目的地。辛亥革命以后，芜湖成为皖江地区最为发达的地区，此时的王睿亭也已经是十几岁的大小伙子了。母子俩一商量，西梁山与芜湖隔江相望，二人于是坐船来到芜湖，落脚于江边利济巷，在这里母子二人重新开设了一家客寓，店名就直接用王睿亭的父亲的名字来命名——王正鑫客寓。也许是冥冥之中的缘分，王睿亭刚到芜湖就遇到一位和县老乡——王荣余。再一叙旧，竟还是远房亲戚。这位王荣余，当时是一位在和县、芜湖都享有盛誉的大厨，当时芜湖许多知名饭店的厨师都是他的徒弟，有"芜湖烹饪大师"的美誉。王荣余在烹饪时，注重本乡特色，博采沿江、淮扬菜肴风味之长，以烧、炖为主，讲究真材实料，火候稳准，烹制的菜肴色泽诱人，味醇饱满，汤汁浓郁。

所谓"老乡见老乡，两眼泪汪汪"，对王睿亭这位小同乡，王荣余自然是倾其所有，言传身教。不久，王睿亭的厨艺便得到大幅提升。1914年，王睿亭在芜湖餐饮界已站稳了脚跟。经过多方打探和实地考察，王睿亭在当时大马路与北平路交会处的十三道门，又开设了一家饭店，店名仍沿用王正鑫客寓。这里地理位置绝佳，处于新旧城区的交界处，是市区通往租界、长江码头的必经之地，往来人流巨大。囿于年代久远，我们现在已无法细究王正鑫客寓的经营规模，但从两份当年的地契可知，到1955年时，这家饭店已拥有至少两处经营场所：一处位于十三道门，也即今天鸠江饭店所在的位置；另一处位于利济巷。

王睿亭在经营过程中，始终坚守"戒欺""守信"两条原则，这也是王正鑫客寓一直秉持的店规。童叟无欺、讲究信誉，让这家饭店在此后的经营过程中，声誉日隆。王睿亭也因此在芜湖餐饮业渐渐成为一位具有一定影响力的人物。1939年他被推选为芜湖市旅栈商业同业公会会长就是例证。

1956年9月，王正鑫客寓拆迁，王睿亭进入鸠江饭店。他把王正鑫客寓全部餐饮技艺和服务管理经验都带到了鸠江饭店。鸠江饭店新建立的一套健全、严谨的餐饮、服务管理制度里，依然能看到当年王睿亭"戒欺""守信"的影子。此外，他还将最为拿手的鸠江小笼汤包和一口酥卷的烹饪技艺也带进了饭店，这两道面点成为鸠江饭店的招牌。1980年3月，安徽省政协主席张恺帆率省落实政策调研组下榻鸠江饭店，品尝了鸠江小笼汤包、一口酥卷后，赞不绝口，兴致所致，现场挥毫泼墨题写"鸠江饮食部"。2006年5月，"鸠江小笼汤包"和"一口酥卷"被芜湖市餐饮（烹饪）行业协会认定为芜湖地方特色名点。

贾宇江（1914—1987年）、韩道源（1923—2005年），第二代和第三代传承人。

贾宇江在芜湖餐饮业也是颇负盛名的。他从 1927 年开始，就一直从事厨师工作，先后在南街的李大兴菜馆、状元坊的四季春、陶塘边的消夏社、花街的筱月轩、石桥港的金隆兴等芜湖知名饭店担任大厨，1953 年调入同庆楼，任白案。1957 年 10 月，鸠江饭店正式开业，贾宇江又被调入鸠江饭店，成为首批员工之一。

韩道源 1930 年进入宣城东门大街月明轩酒家当学徒，从业时年仅七岁，从此开启了他近七十年的厨师生涯。1938 年 11 月，韩道源从江苏江都老家来到芜湖，在中山路太平春酒店当厨师，此后，他先后在万华菜馆、味珍菜馆、太白酒家当厨师。新中国成立后，他又先后在同庆楼、和合轩、永翠轩等私营饭店任厨，1954 年 12 月调入芜湖空军休养所当厨师，1955 年调入安徽省人民代表大会常务委员会办公厅任炊事员，1957 年 4 月调入鸠江饭店任厨师。

一级烹调师韩道源，人称"韩一瓢"，他因为烹调技术高超，炒菜时，不论分量多少，他在放佐料时，总是一瓢成功，从来不用尝味而放第二次，如此准确独特的手艺，放眼全省也无比肩者，故人送外号"韩一瓢"。

韩道源最拿手的两道菜是清蒸布袋鸡、葡萄鱼。2010 年 10 月，"清蒸布袋鸡""葡萄鱼"被芜湖市餐饮（烹饪）行业协会认定为芜湖地方特色菜肴。

张仁信（1938—2016 年），第四代传承人，师承韩道源。

张仁信，安徽和县人。1950 年 10 月进入南京下关文华棉花店当学徒。1954 年 6 月进入同庆楼当学徒。1957 年 10 月调入鸠江饭店，任厨师。他的拿手菜是带子上朝和龙舟虾。1958 年 9 月，毛泽东主席视察芜湖，芜湖市人民委员会选派鸠江饭店大厨张仁信为毛主席烹饪饭菜，鸠江饭店服务员王业茂亲手将张仁信制作的红烧肉从厨房端到餐桌上，毛主席吃了后表示满意。这让鸠江饭店名誉大增，也成为张仁信终生骄傲的事情。

张仁信进入鸠江饭店之后，以沿江菜为主基调，融合淮扬菜、徽菜的特点，经过不断研制，陆续推出新的菜品，此时，"鸠帮菜"初具雏形。张仁信的鸠帮菜风味多样，以烹调河鲜、家禽见长，讲究刀工，注意形色，善于用糖调味，擅长红烧、清蒸和烟熏技艺，其菜肴具有酥嫩、鲜醇、清爽、浓香的特色，一经推出，即广受好评，逐渐成为芜湖餐饮美食文化的一张亮丽名片，成为沿江菜的主要代表之一。2008年10月，"带子上朝"和"龙舟虾"被芜湖市餐饮（烹饪）行业协会认定为芜湖地方特色菜肴。

汪世和（1962— ）第五代传承人，师承张仁信。

汪世和通过大量的调研，对具有悠久历史的沿江菜系——鸠帮菜进行了系统的总结和提炼，在此基础上形成了一套独特的菜肴制作工艺，并与芜湖城市文化紧密结合，为鸠帮菜赋予了深厚的文化内涵。早在2010年，汪世和就已经开始思考如何将鸠帮菜这个品牌做大做强，经过不懈努力，汪世和在吸收传统沿江菜系的精华之外，还将芜湖周边的淮扬菜系、徽州菜系的部分口味也巧妙地融合进来，最终于2023年成功推出109道鸠帮菜，其制作技艺也于当年入选芜湖市非物质文化遗产保护项目。此举不仅极大地提升了鸠帮菜在品质上的档次，也成为饮食文化领域的一个成功案例。

（郭　青）

鸠帮菜上了央视

芜湖除了长江流经外，还有一条青弋江自东南向西北穿城而过，汇入长江，将芜湖分为城南和城北。芜湖自古就有河湖密布、沟塘无数的独特地理环境，并由此形成丰富的水产品和水生植物，以及家畜家禽等食材。

鸠帮菜就是芜湖菜，它兴起于清朝末期和民国初年，抗日战争开始后鸠帮菜逐渐衰落。1956年公私合营后，王睿亭将鸠帮菜带入鸠江饭店，随着社会主义改造的进行，私营餐馆被取缔，由于鸠江饭店担负着接待任务，因此招聘了一些有鸠帮菜技艺的厨师，鸠帮菜传统技艺得以留传下来。

2000年以后，鸠江饭店开始挖掘、研创鸠帮菜，鸠帮菜逐渐有了知名度。从2022年到2024年，连续3年，央视采访报道鸠帮菜，让鸠帮菜在全国有了知名度。

2022年3月，央视财经频道《消费主张》栏目拍摄美食专题片《中国八大菜系之徽菜》，这是央视继《舌尖上的中国》之后又一部美食巨片，3月19日上午，央视摄制组来到鸠江饭店进行实地考察，沟通、协调拍摄计划，为21日的正式拍摄进行前期准备。3月21日，央视摄制组和安徽卫视《安徽味道》摄制组来到鸠江饭店，拍摄当天，鸠帮菜第五代传承人汪世和制作了一道传统菜"香辣肥肠"，鸠帮菜大师陈远大厨制作了一道创新菜"鸠鼎香芙蓉鳜鱼球"。

鸠帮菜第五代传承人汪世和讲解"香辣肥肠"制作过程

　　作为鸠帮菜第五代传承人，汪世和对鸠帮菜有独到的感悟，他擅于融会贯通，将中国传统书画美学技法与鸠帮菜呈现形式相结合，在菜品的"意境"上做文章，在全国首次提出以"色、香、味、型、器、质、意、养"为菜品制作标准，使得鸠帮菜整体品质上了一个新台阶。在制作现场，两位大厨行云流水般的操作，让在场的工作人员大开眼界，感受到芜湖鸠帮菜技艺的独特魅力。《中国八大菜系之徽菜》专题片于2022年4月底在央视财经频道《消费主张》栏目播出，每集25分钟，共5集，多层次、全方位呈现安徽地域特色的经典菜肴，展现鸠帮菜包容并蓄、博采众长的成果，解读安徽美食文化，探寻尘世的"幸福"味道。

　　2023年9月，央视财经频道《消费主张》栏目准备拍摄《中国夜市全攻略·芜湖篇》，摄制组再次来到芜湖鸠江饭店，用镜头捕捉徽菜中"三分天下有其一"的鸠帮菜。9月9日下午，摄制组来到鸠江饭店以后，马不停蹄地展开了录制工作。录制现场，"鸠帮菜"

鸠帮菜第五代传承人汪世和制作"鸠帮菜"之蟹黄虾盅

第五代传承人汪世和展示制作了一道安徽名菜，鸠帮菜系中的传统菜品——蟹黄虾盅。这是一道功夫菜，将虾肉的嫩与蟹黄的鲜完美融合，流畅的制作过程及独具特色的摆盘形式，让在场的工作人员连连赞叹。9月20日晚纪录片在央视财经频道《消费主张》栏目播出，鸠江饭店董事长汪世和制作的鸠帮菜传统菜品——蟹黄虾盅一经播出，立刻引起了众多芜湖观众的浓厚兴趣，他们说，鸠帮菜再次登上央视，让鸠帮菜在全国大放异彩。

央视科教频道大型美食节目《味道》开机仪式

2024年7月9日，中华老字号鸠江饭店大堂内迎来了一群特殊的客人，他们是央视科教频道大型美食节目《味道·芜湖篇》摄制组一行，是专程前来拍摄非遗"鸠帮菜"菜系和鸠帮菜第五代传承人汪世和潜心研传"鸠帮菜"故事的。央视极为重视这次拍摄工作，派出了以编导王一帆为领队、马潇笛为导演、曹洋为主持人、束斌为统筹，以及《法治中国》总编室主任田军参与的强大阵容，力争向全国观众奉献一部拍摄精美、制作精良，比肩《舌尖上的中国》的"鸠帮菜"美食纪实大片。

　　2024 年 7 月 10 日，拍摄第一天，摄制组在鸠江饭店大门前举行了隆重的开机仪式，摄制组领队、《味道》节目编导王一帆，鸠江饭店掌门人汪世和在开机仪式上分别讲了话。本次拍摄以"鸠帮菜"第五代传承人汪世和数十年来，呕心沥血，潜心传承、研创"鸠帮菜"为主线，展现"鸠帮菜"的历史渊源和文化积淀，以及"鸠帮菜"独特的烹饪技艺和手艺。

　　"鸠帮菜"体现了芜湖这座城市具有的包容开放、兼收并蓄的人文精神。拍摄第一天，摄制组在芜湖古城"知我茶社"拍摄了芜湖市民们一边欣赏芜湖地方剧种梨簧戏，一边品尝"鸠帮菜"点心、小吃的场景，真实再现了芜湖人的市井生活场景。

　　"鸠帮菜"的制作一贯坚持"色、香、味、型、器、质、意、养"八字标准，严格把控食材质量，讲究食材的原生态，追求绿色环保、健康养生。为此，汪世和带着摄制组驱车 30 多公里去往繁昌新港蒲干生产基地。对摄制组的到来，制作蒲包的工人们显得有点拘谨，汪世和与他们促膝谈心，回忆自己童年时用蒲草编制玩具的经历。对蒲干的传统制作过程，汪世和了然于胸，如数家珍，他从蒲草的收割晾晒、传统酱油的酿制到热气腾腾、香喷喷的蒲干出锅的整个过程做了详细讲解。

　　"鸠帮菜"制作是此次央视拍摄的重头戏，鸠江饭店掌门人汪世和亲自掌勺制作"鸠帮一品锅"，从高汤熬制，蹄筋、肉皮泡发，蛋糕制作，到腰花的麦穗刀法等，一一展示制作技艺，展现了"鸠帮菜"第五代传承人深厚的厨艺功底。

　　《味道》节目是央视科教频道创办的一档大型美食文化纪实类品牌栏目，栏目围绕"品鉴美食文化、留住乡愁记忆"的定位，寻找原生态的特色美食，从开播以来，深受全国亿万观众喜爱。《味道·芜湖篇》完成制作后将在国庆期间在央视科教频道向全国播出，届

时全国观众将会通过"鸠帮菜",更多地了解、关注芜湖特色地域文化和芜湖美景、美食。

一方水土养一方人,江城美景依江傍水。芜湖,引人入胜的不仅限于地杰人灵的自然滋养和悠然自得的慢节奏生活,更让人念念不忘的还是那一口江城美食。

（张　清）

八宝菜

年夜饭是中国人一年中最隆重的一顿饭，主打一个"团圆"，所以也称团圆饭，各种象征团圆的"圆子"纷纷登场，比如藕圆子、糯米圆子、肉圆子、鱼圆子等，这就是中国人的"年"文化。另外

八宝菜

年夜饭还有一个"碗头鱼"，碗头鱼一般人家用的是鲢鱼，经济条件好的人家就选用鳜鱼，寓意来年时来运转、富贵有余。碗头鱼的摆放也有讲究，年三十晚上鱼头要朝向东方，鱼尾要朝向西方，年三十晚上碗头鱼不能动筷子，一直要等到过元宵节那天才能动筷子，寓意年年有余……

老芜湖人春节还有一道必备菜叫"八宝菜"，八宝菜历史悠久，有传说是从梁朝国都金陵传入芜湖。八宝菜在清朝也叫安乐菜，清朝有个一品大臣名叫黄钺，芜湖人，他不仅是诗人，还是书法家、画家、鉴赏家。黄钺这个人非常了不起，他经历乾隆、嘉庆、道光

三朝，曾担任过礼部尚书、户部尚书、军机大臣等。黄钺对芜湖餐饮文化有着生动详细的描写，他在《安乐菜》一诗中写的"安乐菜"就是芜湖的八宝菜，诗中还写到八宝菜的风味——"风味清"，就是指八宝菜清爽的口味。

八宝菜是鸠帮菜的传统经典菜肴之一，制作时间颇有讲究，一般从腊月开始做起，芜湖老一辈人常说："炒七不炒八，炒九年年有。"一般农历腊月二十七、二十九开始炒制。食材主要有千张、胡萝卜、白萝卜、黄花菜、黑木耳、冬笋、香菇、生姜、小黄瓜、采石茶干等八样以上的食材。把这些食材切成丝，有的需要晾干水分，等所有材料准备齐全后，起锅加油，油热放入葱姜丝，各种蔬菜、豆制品分别炒制，然后用香油在大锅烩制而成。

做好的八宝菜用陶盆盛装，吃的时候装进碗里，浇上麻油，有的还放一点花生米、白芝麻或者黑芝麻，这样味道更香。八宝菜易于保存，可以吃近一个月的时间。

由于八宝菜食材数量多，制作繁琐，现在年轻人很少会在家里自己做八宝菜，吃八宝菜只能在有些饭店吃到或者在网上订购。鸠江饭店八宝菜是鸠帮菜传统菜肴，沿用传统做法，虽然耗时耗力，但是做出的八宝菜口味纯正、鲜香爽口，更不需要等到过年时才能享用了。

（汪世和）

鸠鼎香熏鱼

  熏鱼是一道江南传统名菜，它历史悠久，经过长时间演化，做法各式各样，口味也千差万别。可以肯定的是，在最早制作这道菜时，一定有"熏"这个环节。

鸠鼎香熏鱼

  随着生活习惯的改变，熏鱼的做法有了改变，芜湖"熏鱼"的做法和流行在江浙皖一带的熏鱼的做法极其类似，虽然省略了"熏"这个步骤，但是还是习惯称作"熏鱼"。

  以前吃"熏鱼"不是一件容易的事，一是熏鱼的做法比较复杂，二是那时候食物匮乏，熏鱼只有过春节时才能吃到。

  老芜湖人过年的餐桌上必须有两碗鱼，一个是"碗头鱼"，另一个就是"熏鱼"。碗头鱼在年三十是不能吃的，要等到正月十五那天才可以动筷子，寓意年年有余。熏鱼一上桌就可以吃，而且储存时间较长，老幼都喜欢。现在，熏鱼是芜湖人的家常菜，在制作上也更讲究。

做熏鱼一般选择十斤以上的青鱼，青鱼是冷水鱼，脂肪较多，肉质肥厚。宰杀清洗和处理其他鱼类一样，将鱼切成块，加入适量姜片、小葱、料酒、老抽、增鲜酱油等，抓拌均匀后腌制两小时左右。鸠帮菜鸠鼎香熏鱼要求在室外晾晒一到两天，减少鱼肉中的水分，口感会更加紧实。起锅烧油，鱼块炸至金黄色捞出。最后在锅中加入适量料酒、小葱、蒸鱼豉油、蚝油、味极鲜、增鲜酱油、老抽、白糖、水，大火烧至浓稠，倒入鱼块，收汁而成。这样做成的熏鱼酱香四溢、外酥里嫩，回味甘甜，十分美味。

（张　清）

鸠玖香猪手

猪蹄富含胶质，肉质紧实有嚼劲，在各地都是深受欢迎的美食。

芜湖的大街小巷遍布众多的卤菜小摊，除了红、白鸭子，最受欢迎的就是卤猪蹄。称上半个猪蹄就是一道菜，无论下酒还是拌饭都是绝配，也有的年轻人拿它当零食，放在纸兜里拿在手上边走边吃，也十分惬意。

鸠江饭店的鸠玖香猪手在芜湖可以说是一绝，它用的是自家百年老卤，选用的是南陵足月黑毛圩猪的前蹄，吃起来酥烂软糯，有

嚼劲，脂香四溢。

鸠玖香猪手也是有来历的，据说晚清重臣李鸿章因公路过芜湖，其长子李经方设家宴招待，席间一道"卤猪蹄"让李鸿章赞不绝口，李鸿章询问制作方法，李经方遂令人将菜谱交给李鸿章。李鸿章回京后让李府厨师照单制作，然而做出来的猪蹄味道始终不能让李鸿章满意，李鸿章为此换了三个厨师，仍没能做出芜湖"卤猪蹄"的味道。后来李鸿章在家信中提及此事，李经方回信说：北方猪耐寒冷，脂肪较厚，膻味重，故味道较油较膻。芜湖的卤猪蹄是取自当地饲养10个月左右的黑毛圩猪的前蹄，加上秘制老卤熬煮，才能有如此美味。李鸿章于是作罢，不再为难厨师。

1956年，鸠江饭店张仁信大厨在遵循古法的基础上用果木炭熏烤，配以白芷、党参、当归、怀牛膝等名贵草药制成卤料包，做出来的鸠玖香猪手口感软糯、滑而不腻、肉质细嫩、鲜香入骨，具有滋养脾胃、补气固肾之功效。

2022年，在上海第十四届中华老字号展览会上，上海市副市长宗明品尝了鸠鼎香猪手后连连称赞，鸠鼎香猪手荣获此次展览会的金奖。

（张　清）

江南鱼米之乡

　　初次在鸠江饭店就餐见到"江南鱼米之乡"这道菜，立刻被吸引住眼球，这是一道近几年出品的创意菜，因为它与重油重色的徽菜、刀工细腻的淮扬菜、牛正大气的鲁菜都沾不上边，更像是一道中西合璧的意境菜，然而听了鸠江饭店相关人员的介绍后才知道，此菜的出处与从芜湖走出去的著名画家张玉良有关。

　　饭店负责人介绍，1937年，担任艺术系教授的画家张玉良即将去法国，出国前来芜湖和好友道别，好友在鸠江饭店的前身王正鑫客寓设宴招待张玉良，一般来说客寓主要经营住宿，并不经营餐馆，但是王正鑫客寓的掌柜王睿亭师从芜湖大厨王荣余，做得一手鸠帮菜，早已远近闻名，于是这场宴请就选在了这里。

　　张玉良的好友嘱咐厨师，客人是一位画家，大学教授，将要出国定居，这次的菜品一定要让客人满意。席间，大家畅叙友情，依依不舍，各色菜肴中，一道颜色亮丽、美味可口的菜肴，看上去就像一幅江南风景画，让张玉良十分喜欢。厨师介绍说，这道菜叫

"江南鱼米之乡"，采用的是芜湖本地最常用的食材，不仅可口，颜色好看，而且营养丰富，希望张玉良教授在法国也能常想起家乡，常想起亲人，这令张玉良十分感动。

"江南鱼米之乡"用嫩黄的鸡蛋羹垫底，绿豆做成的福袋包垒砌成山状，火腿、干贝、玉米、青豆作为点缀，整个画面色彩艳丽明朗，非常有创意。

时间的长河奔腾不息，将近一个世纪的时间过去了，我想，这道菜最初的模样可能和今天看到的有所不同，但是鸠帮菜的创新精神，是我们这个城市最宝贵的财富。

（张　清）

鸠鼎香芙蓉鳜鱼卷

鳜鱼嘴大，眼大，身子厚实，游动不快，专在水底和石缝中伏击小鱼小虾填肚。鳜鱼任性而挑剔，终生只吃活食，肚子里就一个连到腮口的大胃袋，里面通常鼓胀胀装着被囫囵吞食的小鱼。它们身带花纹和斑点，小细鳞闪烁着金属光泽，尾鳍圆形，背鳍胸鳍为刚硬棘刺，不可触碰。

鳜鱼跟石斑鱼长得像，同属于鲈科。因为谐了一个"贵"音，身份尊贵，市场价格自然也高，野生的高达百多元一斤。背鳍和臀鳍上有明显的黄色斑点，与桂花相似，被称为桂鱼或桂花鱼。因"鳜"不好写，有人就以"桂"字代替省事。

吃鱼的鱼，味皆鲜美。鳜鱼算得上长江流域最名贵的淡水鱼，肉中无刺，质地嫩白，清醇味美，鲜似蟹肉，食后富有清新之感，自古便是江南名特产，历史上曾作贡品。李时珍将鳜鱼誉为"水豚"，意指其味鲜美如河豚；南宋大诗人陆游在田园诗中大赞"别饶风味胜一筹"……可见鳜鱼的风味的确不凡。

莼羹鲈烩，情属江南。芜湖濒江，江河湖港所出甚丰，鳜鱼做法尤多：红烧、清蒸、炖煮，其肉紧不松散，更适合切片小炒和氽烫，做成酸菜鱼片亦受众人喜爱。家常菜糖醋鳜鱼，不算难做。松鼠鳜鱼是将鱼肉反卷，打上菱形刀花，加调料稍腌，拖上蛋黄糊，入热油锅炸熟，一勺热卤浇上，嗞嗞作响，形状似松鼠，外脆里嫩，此菜在全国南北通吃。徽州臭鳜鱼是整条鱼先煎后烧，再缀以笋、红椒、绿葱和青芫荽，色泽饱满凝重，味道鲜到极致。做法奇特的糟熘麻辣鳜鱼片，则将皖江风味和四川风味融为一体，色泽淡雅悦目，入口即化。

鳜鱼卷，是非遗鸠帮菜在清蒸鳜鱼基础上进行的一次创新，精彩呈现了鳜鱼的多变吃法和讲究的做工，推动菜系朝着高端方向发展，细致精美，格调高雅。两尺长的青白大盘，自带气场，衬托着花卷形小巧的模样，让它更加诱人。鱼头竖立摆放，后续鱼尾，造型活泼，富有立体感与新奇感，是外形制法上的成功设计。

挑选重一斤出点头的鱼，下唇长过上唇，体纹深一点稍好。对美食十分内行的李时珍说过："小者味佳，至五六斤者不美。"切下鱼头，贴着脊骨片成两半，削出薄肉片，上浆腌制数分钟。将鱼片从上往下卷成玫瑰花苞大的花卷，正中蘸一点提味的金蒜酱，齐齐码在晶莹细白的粉丝团上，上笼快速蒸数分钟，出锅即成。

鳜鱼卷如芙蓉出水般洁白细嫩，鲜艳的金蒜酱点缀其上，下垫白净的粉丝，光看着就令人食欲大增。趁热放入嘴中，一口一朵，香鲜漫开，满满的都是江南的温润和氤氲之感……可谓是嫩在口里，鲜在心里！独特的酱香让鱼肉在鲜润的基础上，味觉体验更为有层次。鳜鱼卷的最大优点，是既能受味，又能护持本真之鲜美。但若蒸煮超时，鱼肉卷必老无疑，火候要把握好。

鳜鱼是美妙绝顶的好食材，适宜体质衰弱、虚劳羸瘦、脾胃气虚之人食用，老幼、妇女、脾胃虚弱者尤为适合。鱼肉的热量不高，但富含抗氧化成分，对于贪恋美味、想美容又怕长胖的女士是极佳的选择。

画国画的爱涂抹三种鱼：跳龙门的鲤鱼、须尾灵动的鲇鱼，还有就是隆背阔嘴的花斑鳜。八大山人朱耷是明遗民，家仇国恨，满心悲愤，所以他画鱼、鸟，皆斜目向天，充满倔强之气。特别是白眼噘嘴鳜，怒气冲天，鱼鳍戟张，寒光闪射……体带铁器的森冷，满把陈年的风云。

一枕似前尘，一筷是今生。此道菜保留鱼头，将淡水河鲜的美味与鳜鱼的文化内涵极好地演示了出来，更似人生的一种沉淀。

（谈正衡）

香辣肥肠

香辣肥肠

　　肥肠是一种非常受欢迎的食材，可炖煮，可红烧，可烤制，可熘炒。每种做法，都能让肥肠的味道变得不同。

　　红烧肥肠，把葱姜蒜先在锅中爆香，再将洗净焯水后切块的肥肠倒入，翻炒至变色。加适量料酒、生抽和白糖调味，放足水，如果用老汤更好，用小火焖至收汁即可。熘肥肠，姜丝葱段入锅爆香，将事先加葱姜酒焖煮好的肥肠切段放入，快速翻炒，加豆瓣酱、生抽和料酒调味。也可入油锅炸红，再捞出加调料翻炒。

　　焯水时，一定要将肥肠冷水下锅，以免肥肠遇热快速收紧，导致缩水干硬，口感不佳。水开3分钟左右，即可将肥肠捞出。也可以用筷子试扎，能轻松扎穿即可出锅。若是炖煮肥肠，作料可先放，唯盐要到最后放，盐放早了会使水分流失，肉质缩水变老，快出锅时再撒盐较为合适。

　　上海人据形定义，称肥肠为"圈子"。因为本帮菜选用的部位是标准的大肠头，为一段直肠，厚实劲道弹性好。红烧肥肠香酥软肥，油浓酱赤糖重，勾少许亮芡，口味与苏锡菜、浙菜接近，一代又一代于餐桌上占据一定的位置。上海芥菜红烧圈子，加入腌菜段和红烧调料，肥肠的腴香与腌芥菜的咸鲜充分交融，使得菜肴鲜浓软糯，咸中带点甜，百般滋味，万种风情，更让人沉醉痴迷。

　　在鸠帮菜中，肥肠自是一道不可或缺的美味。2021年春深时节，非遗鸠帮菜第五代传承人汪世和先生，在央视《消费主张》栏目《徽菜》专题片中，以自家百年秘制卤料包烹制了一道非遗菜"香辣肥肠"，赢得满堂喝彩，将这道传统肥肠菜推向了一个新的高度。

　　汪世和先生做出的香辣肥肠，色泽红亮，卤汁浓稠，入口软糯，咸甜带辣，鲜嫩多汁而浓香四溢。这种肥肠的美味，在于它绝妙的组织成分，那种一层一层的皮、脂、筋膜冲抵一起交错的欢愉，那种香腴筋道、辣味绵长的口感，达成肥肠在世间最美妙的绝唱。

　　肥肠富含蛋白质、脂肪和多种维生素，有补虚、润肠、止血等功效，但清洗是一个关键。汪世和先生用颗粒较粗的玉米淀粉，并往里加入一勺玉米面，以及适量米醋，再下手对大肠进行搓洗，将表面黏液洗干净。连着换水清洗三遍，再翻面把里面的油脂给扯掉。烹制时另加荤油，保持菜品鲜腴亮泽、脂香扑鼻。

　　干煸肥肠是加料型香辣肥肠，口味有点诡谲，却也是真正的无上之品。将切块的肥肠焯水去腥，并加料煮熟。姜蒜入锅爆香，放

入肥肠翻炒至表皮微黄焦脆，再放进盐、生抽、干辣椒和辣椒粉调味即可。香辣刺激，紧韧可口，绝对会让你念念不忘。

（谈正衡）

香干拌马兰头

鸠帮菜中有香干拌马兰头，作为一道凉菜，香鲜光亮，绿意入心。在大荤环伺、推杯换盏之前，很需要一点清新来开胃。

野菜入馔，自带流量，就是那种来自原野的清新香远。

香干拌马兰头

春天之美，在于地气上升、万物生发，若能将春色移来餐桌上，春色亦无边。所以，春天的当令野菜多吃一点，不仅调剂口味，而且还能调节出好心情，让脑门顿爽。

早春的当令野蔬，首推马兰头。一场春雨后，马兰头就会丛丛簇簇出现在田边地头和沟渠旁，青绿长宽叶，边缘带锯齿，茎干偏红色……遍地都是它们生机勃勃的身影。

细雨新蔬采马兰，满满都是江南田园诗意。野外采回马兰头，择去老茎、杂物，只留一二叶嫩头，洗净，入沸水中焯去涩味。

马兰头鲜嫩，焯水时间不可过长，一断生就立刻捞起，片刻也不要耽搁。过凉水冷却，挤干余水，切碎。加糖、盐、味精和蒜蓉，淋上适量生抽、香醋，拌匀。装入一只小碗中，用力压紧，取一只盘子，将碗倒扣在盘子里就行了。浇上香喷喷的小磨麻油，望上一眼都能令齿颊清爽。倘是再拌上切碎的茶干丁，撒上拍碎的花生米，碧绿色中黄白相参，岂止是赏心悦目……马兰头特有的清香味，掩映着微腥的泥土气，仿佛就是人间至味了。也有更简明的，只用盐、糖和一点醋，夹一筷尝尝，一样的满口滑爽鲜凉。至于装盘形状，制作成三角形、正方形、圆柱形的都有，看上去别有一番意趣。

将马兰头和春笋嫩头一起焯水切碎，是不错的下酒和醒酒菜。袁枚曾在《随园食单》中记录："马兰头摘取嫩者，醋合笋拌食。油腻后食之，可以醒脾。"

老人们说："清明前吃三次马兰头，可保一年眼不花。"马兰头养眼，消食消积，清热凉血，降燥祛火，特别是对酒宴场中惹下的咽炎嗓痛尤有食疗作用。

（谈正衡）

古法红烧肉

红烧肉之所以能成为经典，离不开它酥烂入味的口舌快意。红亮的色泽、浓郁的脂香和醇厚的口感，使得红烧肉成为许多人心目中不可或缺的饕餮美食。

多地的餐馆都用红烧肉来作招牌菜，一口下去，肉香四溢，入口即化，令人陶醉。湖州历史文化街区衣裳街卖的红亮晶莹扎肉，硕大的肉块上捆扎着十字形粽叶细条，看上去十分诱人。有芜湖本地店家用青稻草扎紧肉块，加茴香、葱结、姜块、酱油和料酒烧出来，称为稻香肉。实际上，这都是红烧肉，虽做法不一样，口感、特色却很相近。

红烧肉带三分瘦，留下七分糯滑喉。一道好吃的红烧肉，必须

古法红烧肉

做到肥而不腻，浓油，赤酱，口感细腻，越吃越香。有人说，做红烧肉没有什么独门秘籍，就是"一手酱油瓶，一手糖罐子"，这充分体现了"浓油、赤酱、口感甜"的特点。但一碗顶尖的红烧肉里，藏着精致与优雅，成为江南的代名词。

不论采用五花肉还是肥瘦相间的肩胛肉，抑或是坐臀肉（臀尖肉），一般都要先焯水去腥膻。然后，炒制焦糖色儿，加八角、桂皮激出香味，再入肉块，煸炒出油，放上生抽、黄酒、葱姜和足量的水，大火烧开，小火焖至收汁。做红烧肉的另一个关键技巧在于收汁，能让汤汁包裹着肉块才是最好的。肉上已经挂了糖色，若出锅时再勾点薄芡，会让肉色更加红亮。南方习惯用酱油上色，北方偏爱炒焦糖色儿，焦糖的香味，是酱油无法替代的，且用冰糖熬的焦糖比白糖好，颜色更亮。

焯水要冷水下锅，这能防止肉块紧硬，较易逼出肉里面的血水和泡沫。也有红烧肉不经焯水，而是用冷水浸泡，水里加盐、姜和料酒，烹制的时候脂香甚浓。更有类似回锅肉的做法，将整块肉煮熟，捞出，改刀成小方块，后面进程，一一如前，时间缩短不少，甚至不加一滴水，用啤酒代水焖煮。装盘时以锅底余汤勾个薄芡，淋上就行了。吃起来口感清爽，肥肉不腻，瘦肉不柴，入口软烂，透着醇浓酒香，此为最佳。

鸠帮菜红烧肉，取材于江南圩猪，而且只选前后胛最精华部分，切成方整小块，大火煸炒，让肉香充分发挥。然后加水转小火慢炖，并以冰糖提鲜，收汁上色，肉块晶亮如琥珀，饱满凝重。一筷夹起，微微颤动，膘光四射……入口又香又糯，腴润鲜美，余味悠长，在保留味觉精华的同时，更接市井地气，成了许多人舌尖上的最爱。

汪世和先生解释说，红烧肉做得成功的标准，是烧得红彤饱满油亮，不仅要好吃，还要好看。一个洁白精美的保温瓷锅端上来，里面的红烧肉覆着深红的糖色芡汁，发出檀香木般清亮幽雅的光泽。

锅下烛火摇曳，把肉块映得格外诱人……就如芜湖这座城市一样，藏着江南的精致，让人止不住心动！

红烧肉制作技艺被原原本本地传承了下来，如今的红烧肉，已成为鸠帮菜的一张名片。经过历史沉淀，一如往常的色泽红亮、香润劲道、滋味尽透。它所展示的，不仅是江南美食的创新与发展，更有对美食背后独特文化内涵的解读和情感追求。

（谈正衡）

蛋黄层层脆

蛋黄层层脆

精湛的厨艺、创新的精神和使用本地食材，一直是鸠江饭店鸠帮菜所坚持、坚守的方向。比如，使用本地产猪肉。

芜湖本地出产一种黑毛猪，体形中等偏小，其肉质鲜美，瘦肉出产率高。芜湖河湖水网密布，生长着大量的水生植物以及鱼、虾、螺等水生动物，为饲养鸡、鸭、鹅等家禽提供了得天独厚的便利条件。就拿鸭子来说吧，芜湖鸭子肉质鲜嫩，肥瘦适中，生产的鸭蛋颜色青白，个头也适中，除平常食用外，也是制作咸鸭蛋的上好佳品。

这里来介绍一道以猪耳朵和咸鸭蛋黄结合在一起的鸠帮凉菜——蛋黄层层脆。

选用本地猪的猪耳朵和本地咸鸭蛋蛋黄，它们碰撞在一起，能撞出怎样的火花？它们结合在一起，又能带给食客怎样的味觉体验？

不可否认的是，猪耳朵一直就是猪肉产品的边角料，好食者们想吃，只能是在路边摊买，直接食用。或买回家二次加工，用辣椒或青蒜苗爆炒。因为难登大雅之堂，高档酒店甚至是中档酒店都难觅它的踪影；而咸鸭蛋除了喝粥或者就早餐之外，也很难出现在饭店酒桌上。但鸠江饭店大胆地推陈出新，巧妙地将二者融为一体，成为颇受欢迎的菜品之一。

用腌制好的猪耳朵将煮熟去蛋白的咸鸭蛋蛋黄裹住捆紧，上笼屉蒸熟，取出切成薄片，均匀码在焯过水的绿色花菜上，但先别着急吃，要等它的灵魂伴侣——蘸料隆重登场。蘸料以香醋打底，辅以白糖、芫荽末，香气四溢，酸甜适中。夹起一片蛋黄层层脆，入蘸料碗中，仿佛与蘸料激情拥抱，入口，有一点咸，有一点甜，咸中有甜，甜中带咸，富含胶质的猪耳朵，肥而不腻，筋道有嚼劲，香中带脆；咸鸭蛋黄沙沙的、面面的，咸鲜可口。嚼上几口，肉、咸蛋黄、芫荽、醋各种香味混合在一起，层次丰富，口感饱满，顿觉胃口大开。

（叶　裕）

翡翠明虾仁

翡翠明虾仁

古老的中国一直有药食同源的说法，主张药补不如食补，强调在日常生活饮食中进行保健养生。鸠江饭店鸠帮菜推出的"翡翠明虾仁"就是一道味道鲜美、养生保健的菜肴。

所谓翡翠，就是外表翠绿如翡翠、口感脆嫩的芦笋。芦笋富含硒，味甘进补而不助邪，性凉而不伤胃。芦笋配伍其他中药即为中药，单一食用则为蔬菜，不会引起不适，可以放心食用。

明是指百合。百合，色白肉嫩，味道甘甜，含多种生物碱，对人体具有良好的滋补之功效。它养阴润肺，清心安神，独特的清香、脆嫩的口感，广受人们喜爱。

虾仁，脂肪含量少，多汁弹牙，清淡爽口，易于消化，老少皆宜，有益心血管健康，有延缓衰老之功效。

说起虾仁，就不得不说芜湖河虾（也称青虾）。芜湖襟江带湖，水网密布，沟渠纵横，土壤肥沃，非常适合水生动物的生长。芜湖青虾虾体粗壮，体表光泽半透明，色泽鲜亮，壳薄肉嫩，营养丰富，是高蛋白、低脂肪、低热量的营养食品。芜湖青虾的虾籽，就是闻名遐迩的著名小吃"虾籽面'的主要原料。青虾的虾仁，个大饱满，味道鲜美，是烹制菜肴的上等食材。

然而，在过去，虾是难登大雅之堂的。民间有云：有鱼不吃虾。古典文学巨著《红楼梦》中有许多关于菜肴的描写，甚至现在还有红楼菜系。但曹雪芹先生对水产佳肴的着笔很少，除河蟹尝鲜、鲟鳇鱼尝鲜的盛会外，只有一道虾菜，即宝玉过生日时吃的"虾丸鸡皮汤"，可见，虾从前在餐桌上并不是主角。

自古以来，虾贱卖于市，常见于平民百姓的餐桌，吃法也非常单一，青虾剪去头尾，同青椒下锅爆炒，属下饭佐酒之小菜。而且，做的人嫌麻烦（剪头尾），吃的人也嫌麻烦（吐虾壳）。小时候吃青椒炒虾，大人总会嘱咐：不能多吃，要吐壳，不然会"嘈心"（胃里不舒服）。

从 20 世纪八九十年代开始，随着改革开放的深入，人们对饮食健康有了新的认识，饮食习惯和结构也有了很大改变。低脂肪、高蛋白的河虾成了餐桌上的宠儿，价格一路飙升，如今已是价格不菲。河虾虾仁更是成了老人、孩子以及体弱多病之人日常食用之佳品。

但是，这道"翡翠明虾仁"不是药膳，并没有中药气味。芦笋、百合爽脆香甜，虾仁紧致弹牙，富含优质的膳食纤维，芦笋、百合、虾仁在一起合理搭配，相互激发出它们对人体有益的功效，清淡可口，美味健康。

不仅有制作精良的大餐，也有平民化的小炒，这就是鸠江饭店鸠帮菜长盛不衰的秘诀。

（叶　裕）

鸠帮吞云海

鸠帮吞云海

当第一眼见到它时，肯定不能断定它究竟是一道菜，还是一件艺术品。鳜鱼切片，像一条龙逶迤在盘中，鱼头竖立向天，没有龙头威武霸气，却也颇具王者之气。

盘龙一样的鳜鱼逶迤在盘中，背景是几根开着粉色、红色花朵的枝条，枝条上绿芽儿点点，活泼灵动、绿意盎然；枝上一只小鸟弯着身子俯下头，和挺立的鱼头相视，仿佛在和鱼对话，又仿佛对着鱼唱歌；鱼片最外边整齐地码着一圈淡黄色的云吞，使得整个造型层次更加丰富，色彩更加艳丽。盘中一只小瓶冒出阵阵白雾，顿时，整个盘子云雾缭绕，仿佛置身云海之中。看到这儿，突然明白了这道菜的丰富内涵。

干冰营造出云海一般的意境，鱼片盘成的龙，仿佛随时要腾云驾雾一般，一飞冲天；一排云吞，好似翻卷的浪花，簇拥着盘龙。云吞即馄饨，不知道是谁给馄饨取了如此气势磅礴的名字。云吞，吞云，巧妙的转换，瞬间让这道菜表现出气吞山河、豪气云天的气势。

旁边，卡式炉上透明锅里的汤开了，在秘制的汤料里煮云吞，氽鱼片，品一片鲜嫩爽滑的鱼片，舀一勺面香清爽、肉香浓郁的云

吞，该是怎样的味觉体验？

在鸠江饭店，品尝美味佳肴的同时，更能体会到一种海纳百川的包容，一种吸收与创新并举的精神。

（叶　裕）

鱼头佛跳墙

佛跳墙是福建名菜，位列闽菜之首。关于佛跳墙的来历，传说有二。其一，清道光年间，福建布政使周莲受请赴宴，席间有道"福寿全"的菜，令他甚为满意。回家后命厨师仿制，厨师

鱼头佛跳墙

在周莲叙述基础上制作，过程中又不断进行创新，口味变得更加鲜美。后来厨师离开布政使府开餐馆，推出此菜，文人赋诗："坛启荤香飘四邻，佛闻弃禅跳墙来。"遂成名"佛跳墙"。其二，据费孝通先生考证，发明此菜者乃为乞丐，乞丐乞讨各种残羹剩饭，以装剩酒瓦罐盛之。某餐馆老板偶闻罐中飘奇香，受到启发，回店以各种原材杂烩于一体，配之以洒，文火煨之，成"佛跳墙"。

著名散文家、美食家梁实秋先生在他的名篇《佛跳墙》中引用郑木金先生文："选海参、猪蹄筋、红枣、鱼刺、鱼皮、栗子、香菇、蹄膀筋等十种昂贵的配料，先熬鸡汁，再将去肉的鸡汁和这些

配料予以慢工出细活的好几遍煮法，前后计时将近两星期……已不再是原有的各种不同味道，而合为一味。香醇甘美，齿颊留香，两三天仍回味无穷。"

芜湖距福州几百千米，自然也是难闻佛跳墙之香。但拥有"皖江明珠、创新之城"称号的芜湖，创新是城市的内涵和精神，成长着一大批具有创新精神的人，芜湖鸠帮菜掌门人汪世和先生无疑就是餐饮界创新的代表人物。他和他的团队大胆创新，勇于突破，精心改良，推出一道具有典型江南特色，色香味不亚于闽菜"佛跳墙"的"鱼头佛跳墙"。主料是本地产胖头鱼鱼头，配料是本地产猪肉、河虾等。

芜湖濒江，河湖众多，水网纵横，水产丰富。南陵奎湖、澛港龙窝湖等出产的胖头鱼便是其中代表。众所周知，胖头鱼又名鳙鱼，是我国青、草、鲢、鳙四大家鱼之一，具有很高的营养价值，味道鲜美，肉质细嫩，肥而不腻，深受人们喜爱。而胖头鱼鱼脑中含有大量不饱和脂肪酸，易被人类大脑吸收和利用，有一定的健脑益智作用。

精选本地胖头鱼鱼头，红烧，加入制作繁复、秘不外传的酱料，把鸠帮菜浓油、赤酱的特色展现得淋漓尽致。鱼汤中加入本地黑猪肉做成的肉圆，肉圆一定要用肥瘦分布均匀、肉质细腻的猪前腿肉做，这样做出的肉圆口感细腻、嫩而不柴，而本地河虾的加入，更把鱼头的鲜催发到极致。剩下的就交给时间，所谓"鱼烧千滚，吃得安稳"。待端上餐桌的那一刻，就如郑木金先生所写："已不再是原有的各种不同味道，而合为一味。香醇甘美，齿颊留香……"

切莫以为"鱼头佛跳墙"到此就结束了，它的点睛之笔是用浓浓的鱼汤泡上一碗南陵大米饭，那滋味，保管是吃了一碗又添一碗，每粒都吸满鱼汤的米饭入口，仿佛不需要咀嚼，直接就顺着喉咙滚进肚子里了。这一碗鱼汤泡饭，唤醒了多少人的儿时记忆，又是多少人萦绕在心头的乡愁啊！

（叶　裕）

春色满园

人们的饮食习惯随着时代的发展，发生了很大变化。不知不觉中，高脂肪、高热量的大鱼大肉逐渐受到冷落，口味清淡的菜肴占据了主导地位。特别是时令鲜蔬，甚至是过去用以充饥的野菜，大受青睐，比如苦菊。

春色满园

苦菊刚刚流行于餐桌时，因口感清淡、甘中带苦、脆嫩可口、清香独特而广受好评，一时，成为用餐必点之菜。然而，长期的生活实践证明，人的味蕾总是善变和挑剔的，苦菊等蔬菜在被追捧了一段时间后，又因口味单一、色彩单调而渐渐失宠。

在鸠江饭店，有一条不成文的规矩，每次食客用餐以后，服务员都要将盘中剩菜拍照，反馈给管理层和大厨们进行分析。盘中剩菜多少，是评判一道菜受不受欢迎的标准之一。

经过潜心研究，挖掘、创新，融入中西菜肴制作方法，很快就

研制出一道色彩鲜艳、口味独特的菜品——春色满园。

这是一道以芒果、火龙果、苦菊、球生菜、冰草为原料，用沙拉酱拌制而成的凉菜，它的制作并不是简单地把食材切碎一拌了之，而是经过精心的艺术加工，呈现在食客面前的是一幅五彩缤纷的春天画卷。两个芒果、两个火龙果分别雕刻成盛开的牡丹花状，两红两黄，色彩鲜艳，对比强烈。苦菊、球生菜、冰草簇拥在牡丹花的周围，绿意盎然；黄色的芒果丁、红色的火龙果丁点缀其间，看似漫不经心，实则匠心独具，丰富了色彩的层次；绿色蔬菜上，两只鹌鹑蛋雕刻的小白兔，仿佛在春天的草地上欢快嬉戏，一股春天的气息扑面而来，庄重而不失童趣，让人会心一笑。

口感绵软、香甜多汁的芒果；味道清甜、口感丰富、饱满嫩滑、细腻多汁的火龙果；味苦回甘、脆嫩可口、清香独特的苦菊；爽口微甜、脆嫩的球生菜；清脆多汁、气味独特、清新怡人的冰草。它们和沙拉酱拌在一起，五彩缤纷，香气四溢，在视觉冲击和味觉诱惑下，心中只有一个念想，接下来对味蕾又将是一个怎样的挑逗？迫不及待地尝一口，水果和蔬菜在沙拉酱调和下，开起了派对，汁水在口中肆意流淌，奇香在口中欢快舞蹈，立刻被幸福感和满足感包围，这才发觉被彻底征服了。

春色满园，它不是单纯的水果沙拉或者蔬菜沙拉，而是把两者巧妙地融合在一起，既有水果的香甜，又有蔬菜的爽脆，清香宜人，开胃醒酒。吃上一口，仿佛身处春天。对了，它还有一个好听的名字——富贵花开。

（叶　裕）

鸠帮一品鲜

相传，晚清重臣李鸿章出访美国，因吃不惯西餐，到哪儿都带着厨师。李鸿章出访期间经常宴请美国客人。一次，因中国菜好吃，刚上桌就被一抢而空，以至于准备的食材不够了。李鸿章好面子，不愿意

鸠帮一品鲜

将实情相告，灵机一动，悄悄吩咐厨师用食材边角料炖了一锅菜。不承想这锅色彩缤纷、味道鲜美的菜，大受欢迎，客人问李鸿章这道菜的名字，李鸿章随口说道："杂烩。"后来在美国开中餐馆的人纷纷效仿，冠以李鸿章的名号，于是，"李鸿章杂烩"在海外风靡起来。

胡适先生在北京大学任教期间，经常在家里请人吃饭，必做的一道菜就是"徽州一品锅"。众所周知，胡适先生和夫人都是徽州绩溪人，他夫人江冬秀做的一手好菜，"徽州一品锅"就是她的拿手绝活。

一口两耳铁锅，各种丰富的原材料，一层一层码得整整齐齐，荤素兼备，色香俱佳，在文火的氤氲中，香气四溢，能和福建名菜"佛跳墙"相媲美，品尝过的人无不拍手称好，嚷嚷着下次还要来吃。

芜湖北连合肥，南接徽州，三地同属一省，在诸多领域有着不可分割的交集，餐饮交流更是其中一个重要组成部分。诞生于芜湖的鸠帮菜，秉承开放创新的理念，博采众家之长，融会创新并举，制作出一道道酥嫩、鲜醇、清爽、浓香、具有明显地域特征的各式菜品。但是，芜湖鸠帮菜并不是简单模仿，或是照搬照抄的拿来主义，鸠江饭店鸠帮菜系列中这道融两家之长、补两家之短的"鸠帮一品鲜"便是如此。

一直以来，鸠帮菜坚持使用本地食材，把鲜嫩发挥到极致。鸠帮一品鲜，舍弃传统做法中的海鲜，改用本地淡水河虾虾仁，河虾虾仁饱满，口感弹牙，鲜嫩多汁，和本地黑猪的猪肚、猪腰、蹄筋，鸡蛋饼，鲜蚕豆，竹笋等一锅同煮，荤素搭配，食材相互交融，互为补充。荤菜的荤香夹带着素菜的清爽，素菜吸取荤菜的浓郁，相辅相成，相得益彰。

这道菜不是爆炒，也不是乱炖，而是同煮。用最简单的烹饪方法，替代繁复耗时的烹饪；用最普通、亲民的食材，替代考究、价格昂贵的食材。食来，清淡爽口，非常符合现代健康饮食的理念和标准，是一道老少咸宜、非常接地气的菜肴。

（叶　裕）

麻香翡翠卷

在芜湖鸠江饭店109道鸠帮菜中，若论颜值担当，麻香翡翠卷肯定排在前列。

人类自从掌握了火，就告别了茹毛饮血时代，文明的发展便向前迈进了一大步。在随后长期的生产生活实践过程中，人类已不满足于吃熟吃饱，对食物的色、香、味、型提出了更高要求，并且逐步提高。到了我国春秋战国时期，宫廷里就能烹制出"八珍"美食了。这个时期，一位伟大的先哲就有了一个让我们至今都耳熟能详的著名论断："食不厌精，脍不厌细。"对中华饮食文化的推动和发展产生了极其深远的影响。

这种精品意识作为一种文化精神，越来越广泛深入地渗透至整个饮食过程中，体现了中华饮食文化的审美特征是形式和内容的完美统一。烹饪高手们把中国绘画、书法、雕刻、盆景等和美学概念融入饮食文化当中，制作出一道道令人叹为观止的精品菜肴。

在鸠帮菜中，有一道菜品端上餐桌，瞬间便惊艳了一大片，丝毫不亚于如今顶流明星出场，让人纷纷为之注目。这是一道不能简单称之为菜品的菜品。

一指宽左右洁白如玉、厚厚的白瓷尺，一端印有印章图案，颇具中国画意境；白瓷尺上整齐摆放着一排圆柱状的、玉扳指模样的菜肴，顶端点缀着黑色的芝麻酱，泛着浓浓的芝麻香，整个菜品仿若碧绿的翡翠。特别有趣的是，白瓷尺放在一个圆瓷盆上，更令人称奇的是，圆瓷盆里居然有几条小鱼，悠闲地在鹅卵石和水草间游动，完全颠覆了人们对美食配雅器的认知。

一般认知中，美食配雅器，最高级也不过是用精美的绘有花鸟虫鱼或者人物的瓷器盛装食物，即使瓷器绘画再栩栩如生，也只是平面画而已。而这道菜让器物活络起来，让人们在品尝美食的同时，更能欣赏中国传统美学的意境之美，这在餐桌上是不多见的。这道菜品极具艺术想象力和创造力，超强的艺术感染力，震撼着每一位见到它的人，让见到它的人无不啧啧称奇。

当然，美食的灵魂在于美味，这道菜不仅仅是在外形上引人入胜，味道上更有特别之处。它选用有机鸡心包叶子，精心卷制而成，秘制的芝麻酱为微甜爽口的鸡心包叶子增添了特别的咸鲜，食来口舌生津，解油去腻；秘而不宣的制作手法，既保留了鸡心包清脆爽口的口感，又完全断了鸡心包生涩之气，入口麻香浓郁，回味无穷。

麻香翡翠卷——立体活动的画，飘香可食的诗。

（叶　裕）

麻香茭白

茭白，又名茭瓜，芜湖叫高瓜，适合在淡水里生长，多生长于长江湖地一带。可谁能想到，茭白竟是它重生后的名字。它本来不仅有个好听的名字"菰"，而且它的果实叫菰米，是

麻香茭白

中国古代六谷之一。《周礼·天官》中说："凡会膳食之宜：牛宜稌，羊宜黍，豕宜稷，犬宜粱，雁宜麦，鱼宜苽。"（苽也写作菰）

然而，一种黑粉菌的浸入使它不能再结菰米，仿佛成了无用之物，但它没有消亡，而是顽强地活了下来，用另一种崭新的姿态出现，把自己继续奉献给人类。李时珍《本草纲目·草八·菰》中引用苏颂话曰："春日生白茅如笋，即菰菜也，又谓之茭白，生熟皆可啖，甜美。"

在江南，茭白和莼菜、鲈鱼齐名，并称江南三大时蔬。白白嫩嫩、清脆爽口的茭白，曾是许多人的乡愁。鲁迅先生在《朝花夕拾》

的《小引》中说："我有一时，曾经屡次忆起儿时在故乡所吃的蔬果：菱角、罗汉豆、茭白、香瓜。凡这些，都是极其鲜美可口的，都曾是使我思乡的蛊惑。"

眼前这道"麻香茭白"洁白如玉，盛在不规则的仿木餐盘里，一股田园乡野之风扑面而来，朴素淡雅，清丽脱俗。然而，远不止这些，令人惊奇的是，切成薄薄圆片的茭白，整齐地码放在它原来淡绿的外壳上，更加衬托出如玉璧一般，平常被当作垃圾的茭白外壳，用来做成盛食物的器皿，而所盛食物又是自己本来所包裹之物，这是对返璞归真的最好诠释，这是藏巧于拙的高超审美理念，完美地显现出鸠江饭店厨师们化腐朽为神奇的匠心独运。

撷一片茭白入口，口中弥漫着鲜味，混合着花椒的麻、小茴香的香，这种鲜味不是排山倒海而来的冲击，而是游动在口腔的每一个角落，慢慢在嘴里织起一张网，茭白清隽，麻香芬芳，包裹着味蕾，让人回味、让人沉醉。茭白，像一个生性淡泊的人，无论把它和谁放在一起，总是丰富自己，成就别人。

此时再看，白玉一般的茭白上点点翠绿的小茴香叶，不由让人想起：清清白白。有道是，人间至味是清欢，做菜如此，做人亦然。

（叶　裕）

生煎口蘑

　　芜湖襟江带湖，物产丰饶，面朝长江万顷碧波，背依皖南崇山峻岭。地势南高北低，平原丘陵兼备，河湖水网密布。地貌的多样性使得芜湖食材丰富，除闻名于世的河鲜外，餐桌上也常常能见到各种山珍，口蘑便是其中一种。口蘑也称白蘑菇，富含大量维生素，它主要产地是内蒙古草原，因为以前都是经过河北张家口发往南部地方，所以人们称它为口蘑。

　　口蘑洗净去蒂，去蒂后的口蘑像一只小碗，往小碗里填入剁碎

的五花肉，平底锅里倒入少许植物油，将装好馅料的口蘑倒扣在锅中煎制，煎出香味后，翻身煎另一面。片刻，口蘑小碗里盈出泛着油花的汁水，这时，往锅中加少许清水，盖上锅盖，焖烧两分钟左右后装盘。另一只锅里用秘制汤料制作芡汁，薄薄的芡汁用小勺均匀地浇在煎好的口蘑上，手法不同之处在于，不让一滴芡汁滴在盘中其他地方。制作完成的生煎口蘑整齐地摆放在一只长方形素净的白瓷盘中，勾好芡汁的口蘑如宝石般晶莹，闪烁着琥珀般的光泽。

这道菜品异于常规的做法是以猪肉末混合口蘑的清香，虽然也用传统的煎制手法，但肉末加入口蘑，进一步激发了口蘑的鲜，动物脂肪的丰腴和菌类的奇香的结合，产生一种奇妙的口感，这种口感又不同于小炒。而秘制的芡汁又很好地锁住了食材的水分和香味，使得口蘑入口饱满，水分充盈。肉香、口蘑香伴着汁水在口腔里流动，香软滑嫩，余味悠长，让舌头、味蕾充分沐浴在口蘑的鲜香中。

其实，好味道往往来自简单的烹饪，而简单的烹饪，蕴含着制作者的匠心独具。

（叶　裕）

文火牛肉

中国人吃牛肉的历史
可追溯到公元前3000多年
的商代，但那时不是人人
有资格享用美味的牛肉。
到了周代还是这样，《国
语·楚语下》记载："天子
食太牢，牛羊豕三牲俱全，
诸侯食牛，卿食羊，大夫

文火牛肉

食豕，士食鱼炙，庶人食菜。"由此可见，那个时期，只有天子、诸
侯才有资格吃牛肉。

周朝末期，诸侯纷争，礼崩乐坏，天下大乱。渐渐地，吃牛肉
的等级也就不再森严。历史经过秦汉到魏晋南北朝，北魏高阳太守
贾思勰所著《齐民要术》中就记录了多种牛肉的吃法，比如：有牛
肉酱、牛五味脯、捧炙（烤牛肉）、腩炙（烤牛五花）、牛脒炙（烤
腌牛肉）等。隋唐时期，人们喜欢吃牛羊肉，所以李白有"烹羊宰
牛且为乐，会须一饮三百杯"的诗句。

到了宋朝，虽然猪肉在市场上有卖，也很便宜，却是无人问津。

东坡先生说："黄州好猪肉，价贱如粪土。富者不肯吃，贫者不解煮。慢着火，少着水，火候足时他自美。每日起来打一碗，饱得自家君莫管。"道出东坡先生面对人生困境的乐观和豁达，但又何尝不是囊中羞涩的辛酸和无奈？所以说，在宋朝，牛肉仍然是人们主要的副食品。于是，我们在读《水浒传》时经常可以看到"小二，来一坛酒，切两斤牛肉"这样的描述。直到清朝，猪肉才成为人们餐桌上的主流，但是牛肉并没有退出，仍然在餐桌上占有一席之地。

在20世纪六七十年代生活过的人，对吃牛肉是怀有敬畏之心的。那时候物资匮乏，什么东西都要凭票供应，牛羊肉票更是票中票。那些年，牛肉是招待贵客的上等菜肴。

如今，牛肉已不再是稀罕物了，牛肉是家家户户餐桌上的常客，红烧牛肉、炒牛肉、牛肉火锅等各类吃法层出不穷。改革开放以来，许多西餐馆亮相中国，中西餐饮文化交流日渐频繁。西餐馆主打菜肴便是牛排，只是五分熟、七分熟的吃法让许多国人望而却步。

鸠江饭店鸠帮菜中的文火牛肉，精选上等牛肉做原料，不是像中餐那样把所有牛肉放在一个盘子里，而是借鉴西餐的方法，每人一盘。当服务员把一个白瓷盘放在食客面前时，食客并不知道盘中所盛为何物，服务员点燃覆盖在食物上的锡纸，立刻升腾起淡蓝色的火焰，摇曳生姿，活色生香，舞动着妖娆的舞姿，揭开食物神秘的面纱。一块等腰三角形、一座小塔一样的牛肉跃然眼前，酱红色的牛肉闪着诱人的光泽，入口，犹如丝绸般顺滑，肥而不腻，瘦而不柴，烹制得恰到好处的肉质鲜嫩多汁，让人吃后回味无穷。

（叶　裕）

文苑集粹

[清] 范淑钟有关鸠江之名的诗

送夫子之鸠江

征鞍落叶打离披，忍泪临风伐一卮。

夕照渐低人渐远，断鸿声里立多时。

——《安徽名媛诗词征略》卷二

[清] 黄钺有关芜湖菜和酒的诗

于湖竹枝词

之二

山如螺髻水如油，踏罢青春又踏秋。

嫌杀渔郎太村俗，风光如此不容舟。①

注：①塘以蓄鱼，故无游舫。陈明府蓄两舟，余得纵

明府逝，而此风又歇绝矣。

之三

龙家园废柳垂阴，学圃堂开面碧浔。

妾似金朋花性急，郎如莱菔莫凄心。

之十二

韭黄芹碧蒌蒿短，甘荠和泥称足斤。

底事羹材征不到，莼①丝一任绿如云。

注：①莼为芜湖土产。

之十六

乌饭①吞时将浴佛，黄梅熟后正眼

看花试上留春舫，载酒须过三昧

注：①青精饭，俗谓乌饭。

②三昧庵，今在范罗山东首

诗词歌赋

（一）［明末清初］崔冕有关鸠江之名的诗

1.南游

家贫食指众，饥寒当预谋。挟技出门去，远近不自由。

初从郡试归，意将他有求。复以行路难，欲作金陵游。

悔吝戒意外，卜筮质之幽。爻象乃告咎，爰买鸠江舟。

异县经过久，访旧多沉浮。假寓宁渊观，孑身若赘旒。

豪门耻怀刺，市肆习伛偻。青白难分眼，言色但和柔。

人情渐熟易，有友代前筹。昼炊烦费省，夜卧得重楼。

私谓获我所，出入可优游。伊何天一雨，经月水横流。

寄书乡不达，米价腾豆区。北风吹江气，朱夏犹披裘。

城野色枯槁，默坐倍增愁。还家意已决，众口坚余留。

载装值便橹，千峰夕照收。涛声动大地，仰视列星稠。

魂惊宵不寐，炯炯洞双眸。鸡鸣缆方解，亭午困石尤。

利涉就小楫，破浪捷如猱。木程兼日济，入室翻百忧。

老母羸犹昔，老妻病未瘳。三男无长幼，跣足各蓬头。

相问言既涩，探囊囊更羞。生理胡至兹，劳形类马牛。

赋性本疏拙，逐利焉能周。信命有天定，毋毁方以投。

藜藿安一饱，潦暑守吾丘。

——《素吟集》卷三

2.舟适鸠江风雨阻四合山雨止舟复进

骤雨经雷散，风樯泊断矶。

水程谋罟客，竹缆引舟师。

云湿流还住，山危过独迟。

依稀江树外，指点问鸠兹。

——《素吟集》卷五

3.喜萧阁有至自鸠江

阴晴两度大江寻，坐卧江楼江树深。

别后兵戈惊望眼，寄来书札慰离心。

琴囊秋拟浮芜水，画舫春先过石林。

握手喜中兼感激，一尊话未尽登临。

——《素吟集》卷六

4.萧尺木先生过巢城

艇放鸠江趁急湍，过巢休夏石林端。

庖厨官舍三旬久，风雨山楼六月寒。

弄笔绿窗常惜墨，披书白发不加冠。

新诗妙画留天地，日对真惭拜教难。

——《素吟集》卷六

5.春过方山访颖异不值

鸠江一别四年余，未悉深山半纸书。

种竹种茶君乐事，尘劳白发可怜余。

无计寻归思独深，松厨午饭日侵林。

城中时上牛山望，可许同参住世心。

——《素吟集》卷八

（二）[清] 梅清有关鸠江之名的诗

鸠江赠郭念海明府

我来何所见，江上有清风。

似立飞云下，相从明月中。

此心能复古，吾道竟还东。

息讼亭边过，歌声听不穷。

——《瞿山诗略》卷三十二

（三）[清] 朱福田有关鸠江之名的诗

十一月十五日夜鸠江桃唐堤上独步

桃唐烟水正迷离，几处亭台入画时。

岸上谁家夜吹笛，一轮明月照鸠兹。

——《晚晴簃诗汇》卷一百九十四

（四）[清] 实雄有关鸠江之名的诗

送张蕉衫返鸠江

破寺君归更寂寥，新诗记取雪中蕉。

但将肝胆酬孤鹤，不惮风霜敝一貂。

帆影逼天横落日，钟声催日下寒潮。

独留泪洒梅花句，传遍扬州廿四桥。

——《晚晴簃诗汇》卷一百九十七

（五）［清］范淑钟有关鸠江之名的诗

送夫子之鸠江

征鞍落叶打离披，忍泪临风饯一卮。

夕照渐低人渐远，断鸿声里立多时。

—— 《安徽名媛诗词征略》卷二

（六）［清］戴寅光有关鸠江之名的诗

鸠江疏雨歇，小泊赭山西。

言访故人去，苍然秋苇齐。

注：本诗诗名不详，见黄钺《壹斋集》诗集卷七自注。

（七）［清］唐仲冕有关鸠江之名的诗

鸠江舟中示菉（二首录一）

客舫逢初度，乡关隔半生。

何尝怀远志，只为逐浮名。

七峡悬车事，三湘展墓情。

老怜黄犊重，闲羡白鸥轻。

川路心先到，山居计未成。

蓬窗风日暖，茰酒且先倾。

注：诗题系编者所改，原题为《七十三初度，鸠江舟中示菉，用工部宗武生日又示宗武二首韵》

—— 《陶山诗录》卷二十七

（八）［清］夏思恬有关鸠江之名的诗

鸠江晚景

苍茫秋色遍乡邦，晚景分明接大江。

卷地风吹沙作雪，系舡人借柳为桩。

蓼花近水萧疏映，芦叶经霜次第降。

古戍云荒楼角起，空林日薄寺钟撞。

纷栖老树鸦千点，并立回汀鹭一双。

茅屋烟痕多间竹，酒家帘影正当窗。

惊看鸿雁来天末，争卖鲈鱼聚钓矼。

楚尾吴头两相际，寒涛东下总淙淙。

——《少嵒诗稿》稿本

（九）［清］徐宝善有关鸠江之名的诗

1.舟次鸠江张大肇昌约游陶塘

南风吹我来鸠江，乃是故人云水乡。

故人者谁元真子，一见导我游陶塘。

琳官梵宇二三里，鼠姑花开散春绮。

同行迤逦之湖边，长堤一道横中间。

啼鸦垂柳转萧瑟，湖光滛荡含空烟。

曷不湖心起亭榭，宛宛虹桥绿波跨。

画舫笙歌夜月迷，银河倒入金屏泻。

更筑长干十四楼，美人如花楼上头。

修眉盛鬋晓妆靓，娇态不识春风愁。

碧桃红杏几千树，好鸟能歌亦能舞。

赭山塔影悬中流，遥指弯翁读书处。

如此湖山烟景开，举觞我亦醉千回。

掉头今且别君去，好趁春潮问瓜步。

——《壶园诗外集》卷三

2.黄左田师以祝嘏入都，越四月归芜湖送别

江上颠风塔铃语，三日鸠江舣烟舻。

从公啸歌绿野堂，谢家青山正当户。

今年拜公宣南坊，兕觥万寿荷宠光。

大椿雅集画图障，酒国累月飞千觞。

皂雕风急黄云起，归煮莼羹淅菰米。

谁识江湖忧患深，惆怅旋辕二千里。

雪花八月天山西，安得都护田渠黎。

波涛南望坼吴楚，万井荡析靡孑遗。

我辞乡国已三载，愿借云帆济沧海。

乞公却作故园图，梦里西山青不改。

风流每忆谢将军，即今高咏公能闻。

朝来祖帐东门外，牛渚何年望暮云。

——《壶园诗钞选》卷七

（十）［清］黎汝谦有关鸠江之名的诗

1.鸠江除夕感怀

其一

腊鼓声中岁又回，宵深睡起拨残灰。

萧萧密雪空庭积，猎猎凌风扑幔来。

客里无心焚瑞柏，乡言作意访寒梅。

天公不管人憔悴，一任琼瑶撒作堆。

其二

兄弟分飞[①]各一方，妻孥岁晏滞衡湘。

客愁似海兼天涌，旅梦如冰怨夜长。

耿耿寒檠烧冻焰，凄凄残溜滴空廊。

此时况味谁曾识，起视江天雪正狂。

注：①飞：《诗钞》原为"非"，据诗意改。

——《夷牢溪庐诗钞》卷四

2.自鸠江侨寓赴京却寄工甫兄

其一

宣南分襟后，约泛皖江湄。

讵意临装日，才逢携手时。

负君千里意，动我百年思。

倘为春官住，联床正有期。

其二

只缘宦岁故，无计可留兄。

却忆居山日，怎无负土情。

去留均左计，出处愧平生。

辗转无良策，悠悠万里行。

注：诗题系编者所改，原题为《己丑仲冬一日，自鸠江侨寓赴京，却寄工甫兄。时工甫姑至二日》。

——《夷牢溪庐诗钞》卷四

（十一）［清］黄钺有关芜湖菜肴和酒的诗

于湖竹枝词

之二

山如螺髻水如油，踏罢青春又踏秋。

嫌杀渔郎太村俗，风光如此不容舟。

作者自注：塘以蓄鱼，故无游舫。陈明府曾买两舟，余得纵棹。今明府逝，而此风又歇绝矣。

之三

龙家园废柳垂阴，学圃笠开面碧浔。

妾似金朋花性急，郎如莱菔莫潅心。

作者自注：龙家园在陶塘西，学圃草堂在其东。俗呼金凤花为金朋，萝卜之空心者为潅心。《说文》："古文凤本作朋。"《尔雅》："潅，虚也。"《方言》云："潅之言空也。"土音最近古。

之十二

韭黄芹碧蒌蒿短，甘荠和泥称足斤。

底事羹材徵不到，莼①丝一任绿如云。

作者自注：①莼为芜湖土产，而人无识者。

之十六

乌饭①香时将浴佛，黄梅熟后正眠蚕。

看花试上留春舫，载酒须过三昧庵②。

作者自注：①青精饭，俗谓乌饭。留春舫，陈明府别业，在陶塘南。三昧庵，今为永靓禅林，在范萝山东麓，称三昧者，以国初三昧和尚得名也。

②三昧庵，今在范罗山东麓。

之二十九

啖茹何堪煮幞头，网船祭网出新洲。

今年上市河豚贱，不用先生典裤求。

作者自注：买鱼得鲀，不如啖茹，盖鱼之不美者。今渔人辄蓄此种，名曰幞头，以头大如人戴幞也。渔船俗谓网船，初网河豚及鲥鱼之属，皆祭网而出。新洲在褐山。

之三十四

烧罢天香几日曾，一层彩又一层灯。

游人踏月垂涎甚，出甑新香卖粽菱。

作者自注：自六月至七月，分社点灯，谓之烧天香，又谓之平安香。中秋前后七日，则结彩张灯，以祝万寿，谓之万寿灯。菱之绿者曰粽菱，至是以甑蒸卖。元微之诗"绿粽新菱实"，俗称盖所本也。

之三十六

纵偷为戏莫相嗤，瓜玉茅檐豆绕篱。

生子居然南有兆，可知女亦是蛾眉。

作者自注：中秋，妇女如郊原篱落间，随意摸索，得南瓜宜男，得扁豆生女，谓之摸秋。白扁豆谓之蛾眉豆。《松漠纪闻》："金最严治盗，惟正月十六日，纵偷一日，以为戏。"

之三十八

爬矶紫蟹入帘肥，啄粟黄鸡上树飞。

小赭山前看刈了，大丁桥下运租归。

作者自注：江蟹上驿矶，爪为之秃，谓之爬矶蟹，最肥美。小赭山在赭山西北，大丁桥在城北七里。

之四十三

吴姬水调改新腔，西舫东船月满窗。

我昨维舟鲁港驿，但沽雪酒酹寒江。

作者自注：萨雁门《过鲁港驿和贯酸斋题壁》诗："吴姬水调新腔改，马上郎君好风采。"李孝光《十六日宿芜湖县》："东船西舫无人语，可惜窗中明月光。"雪酒，鲁港酒名，盖取雪水合酿，故名。

——《壹斋集》诗集卷七

（十二）黄钺有关芜湖菜肴和酒的诗

1.刀鱼

谁遣瓜刀掷水滨，寒光霍霍发硎新。

看花买醉尝鲜客，贯柳携归上冢人。①

偶与河豚同入市，却先石首饯残春。②

饮而不食肥如许，始信脂膏不庇身。

作者自注：

①清明上冢，必具此鱼。

②《江赋》："鳗鲨顺时而往还。"《尔雅翼》谓："皆以三月、八月出。"今江乡鲨最先出，石首则于四五月始自镇江贩至。

——《壹斋集》诗集卷十

2. 鲥鱼

鲥鱼四月美绝伦，荻洲网出光如银。

头鱼入市竞豪夺①，千钱一尾充厨珍。

滋味非微人厌若，爱护亦自矜霜鳞。

误游渔罟欲速朽，义不受辱如成仁。

略伤骨鲠稍龃龉，要令馋吻姑逡巡。

端阳已过论价贱，被絮自典拼家贫。

大愈忍臭吃石首，况求即得非猩唇。

天工特许擅节物，海若岁递来江滨。

供人口腹乐乡土，乃尔弃置趋风尘。

龙祠鳗值牛羊贵，保德鲤重开河真。②

黄花下市肋鱼上，猩风压担来天津。

频年颇下何曾箸，乃梦犹曳荒江纶。

譬如冠盖贵游聚，何似裙屐乡人亲。

往时山堂曾远致，油浸差胜糟鲜新。③

二十年事偶怅触，三千里寄夫何人。

他时倘倩介象钓，更请兼致于湖莼。④

作者自注：

①渔人以初得者为头鱼，索价最贵。

②襄陵龙子祠下鳗，最肥美，一尾值钱三四千。石花鱼，土人以河冰初开得者为开河鱼，为最佳，寻常市者多伪。

③往在紫阳书院，家人以油浸鲥鱼见寄，经七日而味不变。

④芜湖土产莼，识者甚少。

——《壹斋集》诗集卷二十四

3. 子卿馈石首鱼三头（录一）

秋化春来不自珍，一帆京口送江滨。

金羹玉饭无人识，辜负于湖雉尾莼。①

作者自注：①石首鳞色黄如金，和莼菜做羹，谓之金羹玉饭，见《尔雅翼》。莼为芜湖特产，无人采食，故云。

——《壹斋集》诗集卷三十二

4. 食鲥鱼戏效仇山村体（录一）

风定扁舟两桨飞，雨余新水一江肥。

银鳞网出心先碎，便为鲥鱼也合归。

——《壹斋集》卷三十三

5. 食黄鱼

我家中江滨，有鱼多且旨。

寻常价亦廉，咄嗟付刀匕。

众中黄鱼溯江上，四五月间偶入市。

两年不复餍若鱼，正坐连书夏大水。

今春雪甚网罟寒，何意脆骨重登盘。

游不择时为所得，停杯缀箸增长叹。

鱼兮鱼兮泥沙蟠，勿纵大壑兴狂澜。

阳侯奉职鲸波息，我甘忍馋不尔食。

——《壹斋集》诗集卷三十五

（十三）［清］汤鹏锻打的铁画诗联

晴窗流竹露，夜雨长兰芽。

注：上联题款"丁卯春三"，下联题款"鸠江汤天池"，丁卯年是指康熙二十六年（1687年）。

（张双柱　姚永森）

碑刻、游记、传记

一、俞鹏程《小荆山文星阁记》

　　小荆山僻处欧阳湖之西南，从麓至巅，高不过十五丈余；周遭度之，广不越二三里许。而昔人独称为天马文星者，岂非以其居六秀之方位，太乙璇宫之地哉？顾隔阂于群峰盘错，云雾苍茫，树林阴翳间，自金马门望之，未见有岿然特秀者，夫以黉宫之巍焕崇隆，罔有文笔辉映，亦非合邑士子利是，化工不无偶缺，而有待人事之补苴者也。乾隆丁卯，邑侯韩公于天中日，偕学师士绅泊舟大荆山下，摄衣而诣花宫数石佛，访仙人之鹤迹，踞寒碧之清幽，徘徊瞻眺，逌然神远，复见烟波浩荡，中拱若对峙者为小荆山。韩公曰：是山虽小，望之灵异非常，鸠江秀气所钟，当必有郁结，而葆孕于此者也。乃移舟其下，拾级而登，则翠竹森森，前水部许公所建梓潼祠也。跻其巅，石势陡峻，嵌空玲珑，上可容十数人，则古称飞凤亭，前邵公碑禁采石处。西有土阜，址基平衍，四围若有冈陵辅翼之者，然针以指南，恰在胶庠巽地。韩公曰：是阜凭高而嵌中，与大成坊遥对正，昔人所谓天马贵人峰也。盍扩之、甃之、楼之、阁之，以补文星之不逮。于是选首事，庀木材，召工作，辟莽凿石，建六角之亭，为三重之阁，供文昌于中，跻魁星于上，旁构曲房小厦，可为近村诵习地，亦可为游客憩息所。南北开路各一，俾登临者忘其险。位置井然，次第兴举，自戊辰至癸酉，阅五载始落成焉。由是芜之人登碑叹曰：荆山文笔峰奋迅而起，非韩公孰能遽造此胜也。拔江山之清淑，增泮宫之光辉，所谓取精用宏者，于是乎在矣。芜固多誉髦士，将何以迪德修业，以炳耀著作之林，而无负此建阁之盛举哉！至首事各姓名例得具载，贞珉俾捐资程工者，与此山并垂不朽焉。是为记。

——民国《芜湖县志》卷三

注：

俞鹏程，字万里，乾隆六年（1741 年）辛酉科经魁，即举人，拣选知县。乾隆十二年（1747 年）随乾隆十年（1745 年）上任芜湖知县的山东阳信人韩文成（名宦有传）游小荆山，后写下《小荆山文星阁记》。

二、《洒扫会捐置田产碑记》

本邑文庙，向有洒扫会，时以同人鸠资行会间，行间止因会内无恒款也。兵乱后，文庙重新，岁在壬申。邑人许文瀚、仲祺、衍榜、衍枚、衍林、衍楷、衍栋、庆成、庆芳等，幸规模之大启，思旧典之当兴，慨无常款，佥愿将公产民田，坐落邑东南乡易俗铺袁村，计租弓田四十五亩一分缮契禀呈，捐入文庙，以为行会之资。荷蒙沈、胡两老师台加批褒奖，并移请县宪立案，另谕学中同人经理其事。举行数年，未立会规，不无草率。本年我等同人揭明以前数年账目，公议章程，分立五班，挨次经理，所有会规，载明会簿，谨将颠末勒石，用垂不朽，庶不没许承恩堂好义之善举云。尔时，有李青莲堂，同一好义之心愿，将自己遗产，坐落东南乡易俗铺上凤林圩殷村，计租弓田十六亩八分书立捐字，捐入会内，理合并镌以志善举。光绪二年十一月□□日，经理首事程迺封、王荣和、甘嗣赵、何义彰、经洪锡、王廷钧、陶佐、高崇、汪鑫、鲍世期、许衍模、谢庆增、彭蔚文、经康杰、周诒忠同敬立。又光绪十四年，价买下凤林陈富村租弓田八亩三分八厘、袁村租弓田五亩。是年，复接收无主湖田十九亩二分。兵燹后荒废多年。光绪十年，新垦九亩二分。十四年新垦二亩四分，仍有荒田七亩六分。光绪二十九年，价买南朱村租弓田二十一亩八分。又袁村天成湖南北推随田草场一业与袁村各庄公执。

儒学学田向由地方士民陆续捐置，专为津贴两学老师之用。光复后此项田产归并鸠江书院，充本邑襄垣南岸两小学经费。民国三年文庙修竣，由地方士绅呈请县署拨归地方财政局经营，专备文庙岁修及奉祀员薪水开支。△山口铺何家坝西郭村熟田三十二亩四分，荒田八分。△山口铺徐北山熟田十八亩五分，荒田一亩六分，山地四亩五分。△丹阳铺卢花塘熟田六十四亩九分，荒田七分。△下一五铺龙村陡门熟田二十九亩八分，荒田八分。△石硊铺灰山埠熟田十二亩零五分，荒田十三亩九分，熟地一块。△八都铺高家庄熟田四十九亩二分，荒田二十六亩，庄基六分。△南辛铺南辛圩熟田四十八亩，荒田二十亩。△南辛圩小屋基熟田四十一亩。

——民国《芜湖县志》卷十七

三、刘壿《中江书院续置洲地记》

中江书院前观察李讳世杰公所创始也，经营舍宇，规划租息，大略具举，迄于今八年。余莅兹土，延师适馆俾诸生，以时课艺于其间者概仍其旧。顾稽其簿籍塘地房租，岁之所入，恒不敷出，膏火脯资往往艰于挹注而悬缺为多，不早善为之计，日复一日，经费益绌，取办无从，其不致馆舍倾圮，辍学而废业也亦仅矣。书院收支事宜，向持筹于太郡司马，壬辰秋改隶于芜，邑令淡君修葺颓屋，清厘逋欠，焕然复新。余因与计，所以扩充之者，而淡君欣然以为己任，既又思观察之官虽驻芜邑，安徽宁池太广悉属治所五府一州二十八县，凡士民之俊秀而愿来学者，皆吾弟子，限于地而遗其人，绌于费而隘其规，非教也。常举此意，以达诸郡守牧，令招致诸出赞勉乐育，而诸君子咸有同心焉。癸巳夏，有谢氏出售洲产价买之，计值千二百两，其地属和州之江滨，清界址，稽顷亩，别肥硗，定租额，皆淡君之所区画，详载县籍，以垂久远，而其价即诸君子与好学之士集成之也。洲之所产约丰歉之中，而计岁得息若干，加以前观察所定之塘地房租又若干，师生修缮，无待外取，有余即以为岁修馆舍之用，夫亦可以永无废坠矣。况复之继长增高事未可知，经费日充，从学日众，鸠江如带，宁不翕然为人文之渊薮哉！

——民国《芜湖县志》卷十八

四、李文森《增置鸠江书院学田碑记》

芜湖古鸠兹地，自汉以来亦谓之于湖。有明启、祯间议设工部钞关，旋兼户关，以安徽宁池太广兵备道领之，而芜湖遂为东南一大都会，襟淮带浙，左金陵而右彭蠡，盖舟车辐辏地也。士生其间，如周兴嗣、刘太冲之博洽，皇甫湜、梅尧臣之超逸，胡明星、张伯麟之志节，严翊、左震之政绩，皆卓然称不朽。而新安之学，实集诸儒之大成，自时厥后，名流竞起，指不胜屈，故称人才渊薮者必曰江东，往尝闻而羡之。同治四年冬，余自安徽按察使署任改官来芜，假书院为行治，下车之始，例举观风，课试所见，诸生文艺百不如昔，而兵革之余，武健纵横，所在多嚣陵之习，询以先民，短襦荡然，无复存焉者矣。因忆昔在省垣时，与今方伯江右吴君谈鸠江书院事，鸠江书院本名中江，乾隆三十年前，两江总督吾黔李恭勤公观察芜湖时率士民所创建也。咸丰中粤贼窜扰，与道署同时被毁。今上改元，皖江南北渐次底定，吴君奉湘乡相国命驻军于此，简练之暇，慨然于皖南学者孑遗无几，而琐尾流离，率难自存，于是蠲廉考课，复以其所建行馆为书院，遂易今名。及权兵备事，方将大有所为。未几，适以迁去，每言至此，深以未竟厥施为憾。余戏谓君意诚美，然考课之资必捐于官，恐后此难乎！为继及是，欲有所振兴，而力果不逮，乃以请于今宫保肃毅伯两江总督李公，奉准由皖南厘局拨给白金千三百五十两，饬垦中江书院旧有及增置当、芜两县境学田共八百七十八亩有奇，复以费赢增修考舍暨几案之属杂具外，自今年二月始，月给五十金，为诸生膏火费，拟俟一二年后斟酌田租盈虚再行截止。盖宫保为国元勋，芜又近其梓里，其所为推本圣天子作育人材之意，以嘉惠皖南之士者，不可谓不至矣。自始事至今，每课生童虽多，不过二百余人，然而文质彬彬，颇皆有造，使果能讲明新安内圣外王之学，一以居敬穷理知行并进为务，不规规于记诵词章之末，其所成造自未可量，即不然而得周、刘以下诸贤数十百辈，振作其间，虽短长互见，亦未始非邦家之选。惟罣名学籍，虚糜廪饩，而其所知所能不出里巷，甚或掊仁击义习于贪鄙之行，以自远于名教，乃古人所深耻。然则诸生而欲砥砺名行，效法往哲，以仰副圣天子及今宫保方伯之意，宜何去而何从也。余赋性迂，疏于时鲜，当又以通籍太早，未尝学问，以为吏且不可，岂足以为人师？然而数月以来，诸生请业问难，似不我弃，方当去位，不可无以相勖，且畎亩经界，亦惧其久而失也，故为胪列上石而志其缘起如此。若夫师儒之束脩补苴之岁例是犹有待来者。△买芜湖县南乡高村坝黄姓民田一百七十八亩。△买芜湖县南乡孤山坝黄姓民田一百三十六亩八分四厘。△赎当涂县西南乡狮子陡门赵姓入官田四十五亩七分。△赎当涂南乡三十里赵入官田四百八十亩五分。△赎当涂县东南乡港东埠赵姓入官田九十九亩。△赎当涂县西南乡四合山大山脚赵姓入官田五十一亩五分。△赎芜湖县南乡沙坝赵姓入官田六十一亩七厘。△垦中江书院旧有芜湖县南乡管平埔大陶村崔姓捐丑八十一亩七分。△垦中江书院旧有芜湖县南乡麻浦圩犁头埠刘有章捐田七十九亩六分。同治五年岁次丙寅秋七月吉旦。

——民国《芜湖县志》卷十八

五、朱云章《龙王宫碑记》

戊辰夏孟余驻垒鸠江，典军之暇，见江干神龙逼居蒟屋，覆以苇席，地极湫狭，而香火甚盛。询之，土人云神迹莅兹，不知几历年月，粤匪扰乱时，潜伏不见，刻逆氛告靖，复见于江渚，凡有祈祷，无不响应。曩日，庙在八角亭山麓，为粤匪毁尽，今移供江干云。余既凛神座逼处芜秽，且虞旧址之湮没也。乃循八角亭西南约三百步得旧庙址，爰与部佐商创行宫三间，而各勇弁亦复踊跃助畚筑，于是敬择闰四月初八日，庀材兴工，至十九日完竣。余于神龙镇芜之始，未尝考核，第就土人传述灵异之迹，顿使荒址不日焕成，虽由我军捐金输力之诚，然亦何常非神龙之灵有以启之也。兹于工竣之际，泐志数语于石，俾后来者各就庙楹再增创建，与九华赭峰并峙鸠江。将见商楫盐艘，风樯顺利，履险如夷，岂仅我军他日凯旋，稳浮江汉已哉！是为记。同治七年。

——民国《芜湖县志》卷四十

六、清嘉庆《无为州志》

"灵泽庙在大江中蛟矶山，祀汉昭烈孙夫人（孙尚香），世传夫人还省母，居鸠江，闻昭烈（刘备）崩，哀痛殒绝，今之庙藏棺所也。宋赐额曰"灵泽"。舟人阻风必祭之。"

——嘉庆版《无为州志》卷四·舆志地四

七、《吴坤修传》

吴坤修字竹庄，江西新建人。"任徽宁道时，建鸠江书院，重修滴翠轩、李醇风墓，皆捐资为之。鸠江书院落成，公自署一联云：'执鞭弭以事戎行，几经奋臂前驱，十年兵气销吴楚；易壁垒而为学舍，从此掀髯仰望，一道文光射斗牛。'一时儒将风流可想见云。"

——民国《芜湖县志》卷四十四

八、《李文森传》

李文森字恕皆，贵州镇远进士。同治四年，署安徽按察使，旋署徽宁池太广道。"先是吴坤修任徽宁道，捐修鸠江书院，至是文森请准月拨厘局银五十两考课诸生，外给银千两垦田，入书院收租，永远膏火，修房二十余间为肄业所，勒碑记之。"

——民国《芜湖县志》卷四十四

九、《甘嗣赵传》

甘嗣赵字璧如，增贡生。"洪、杨乱后，本邑仅一中江书院，徽宁道月课一次，嗣赵偕邑人筹办鸠江书院，由邑宰主政专课本邑士子，文风赖以丕振。其余如创洒扫会、造城隍庙、修府县考棚，无不悉心规画，任劳任怨。晚年地方官绅遇有政事必谘询之。其正直为人信仰如此。"

——民国《芜湖县志》卷四十九

（张双柱　姚永森辑）

契约、文书

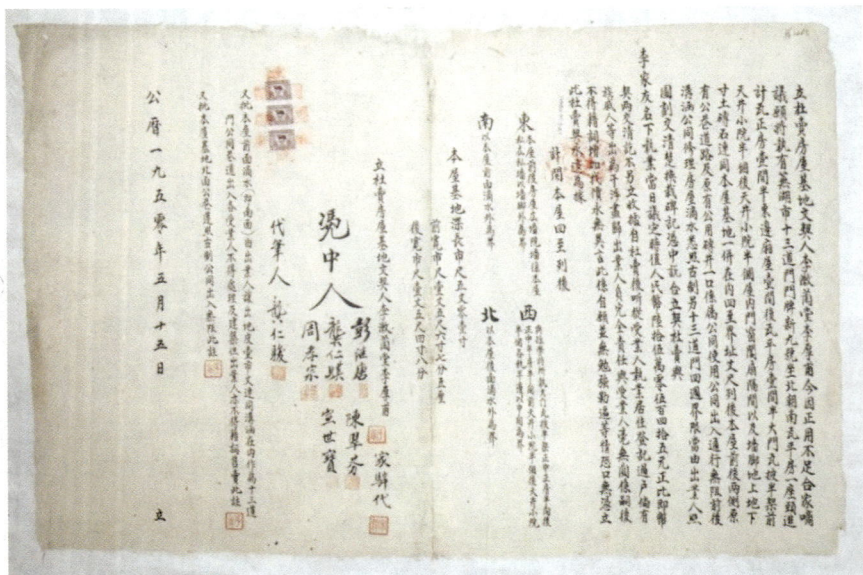

李鸿章后人出售十三道门李漱兰堂（李鸿章堂号）房产的契约

王正鑫客寓 1955 年公私合营前资产核算清单

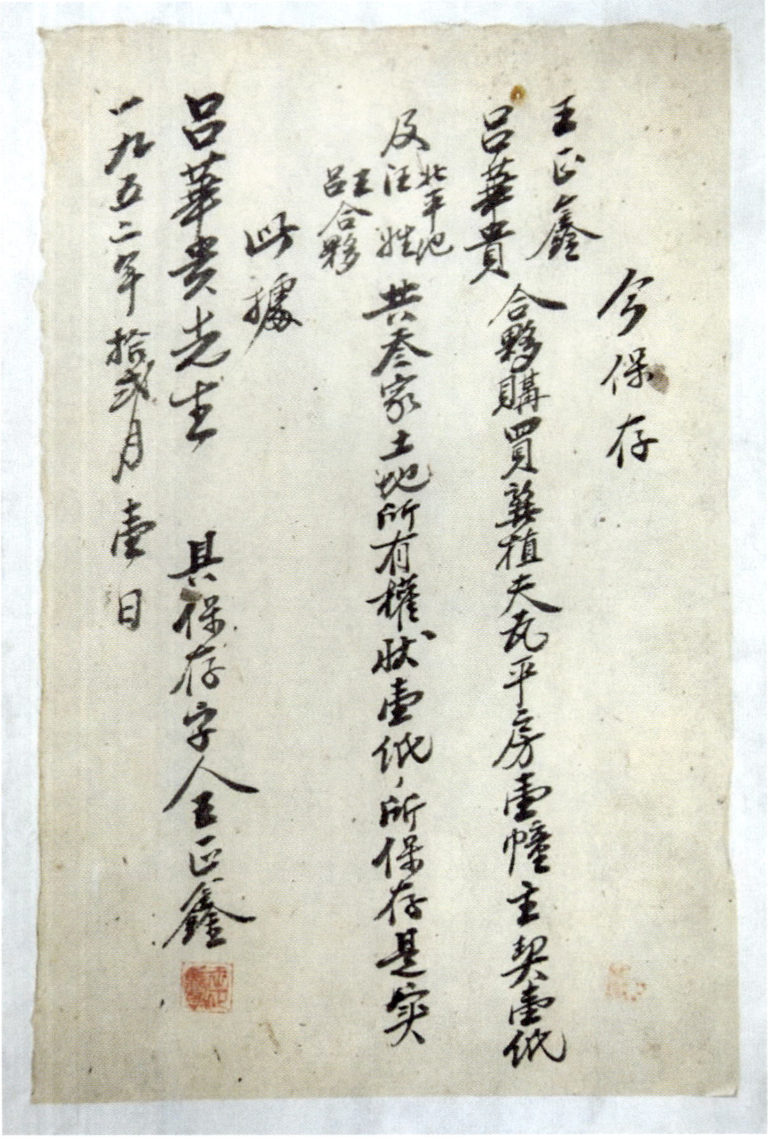

今保存

王正鑫
呂華貴 合夥購買姜植夫瓦平房壹幢主契壹紙
北平地
及汪糖 共叁家土地所有權狀壹紙、所保存是實
呂合夥
王合夥
此據

呂華貴先生 其保存字人 王正鑫（印）

一九五二年拾貳月　壹日

王正鑫等购买房产的契约

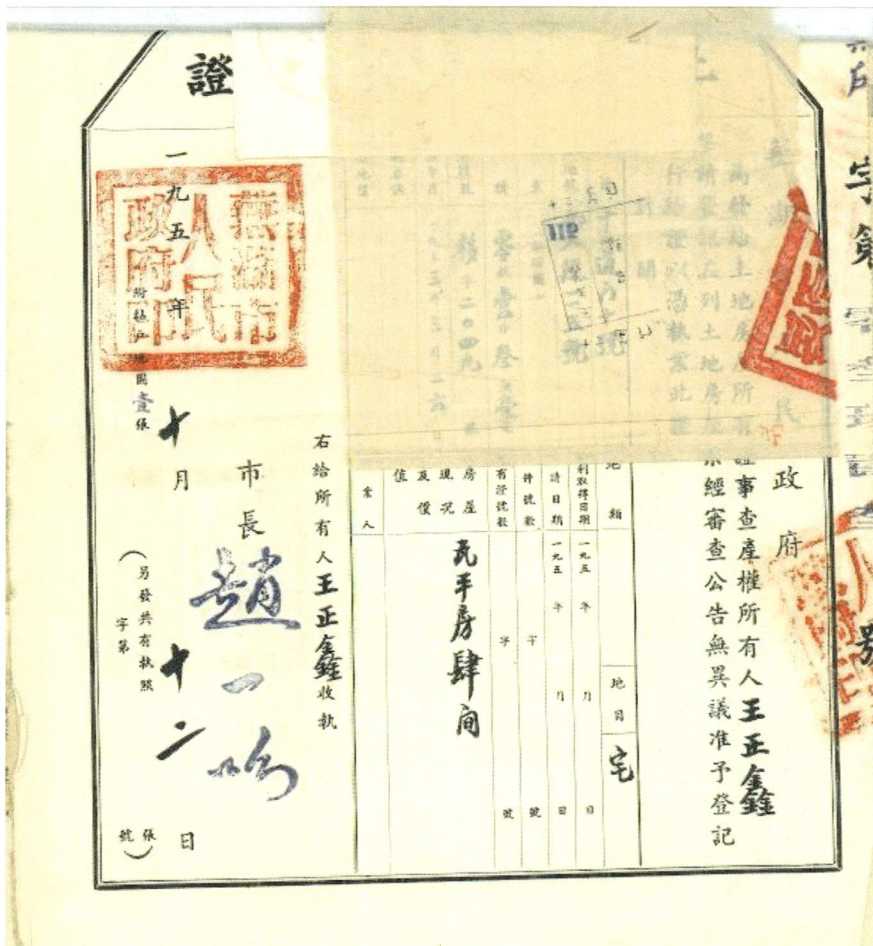

1953年芜湖市人民政府颁发王正鑫客寓土地房屋所有证

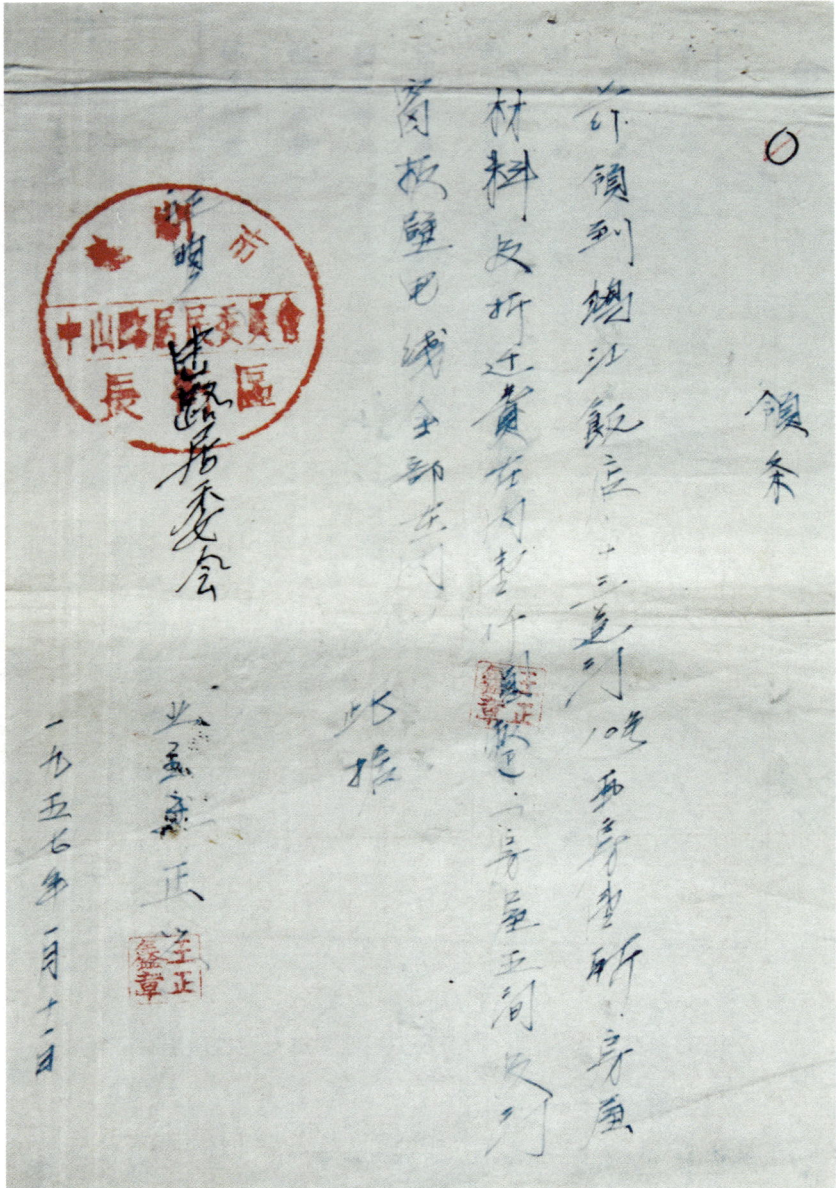

1956年王睿亭领到鸠江饭店筹备处拆迁补偿款

1954 年芜湖市人民政府颁发袁耀群土地房屋所有证

1956年袁庆明、袁耀群领取鸠江饭店筹备处拆迁补偿款领条

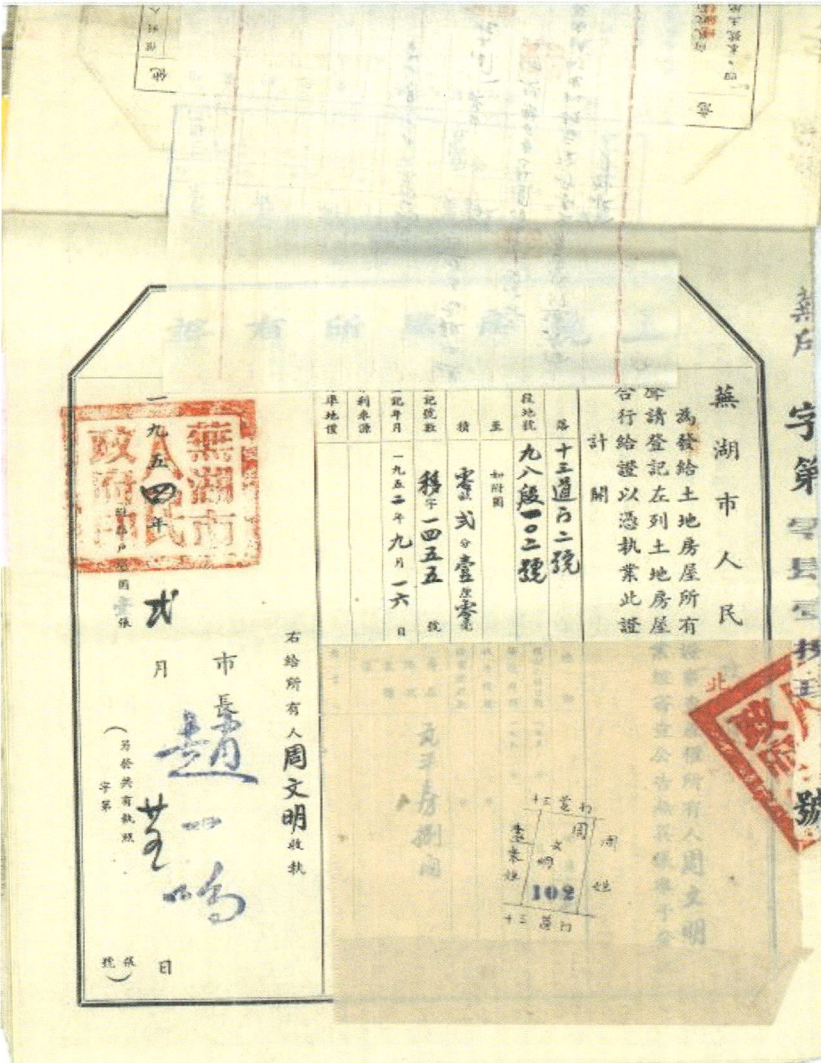

1954年芜湖市人民政府颁发周文明土地房屋所有证

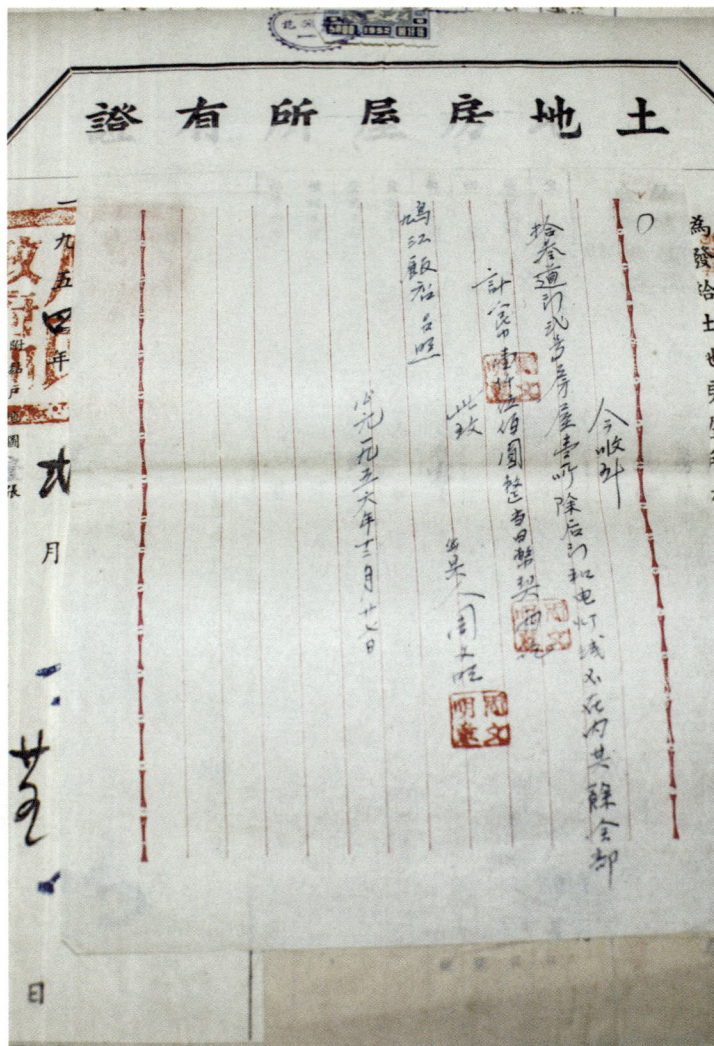

1956年周文明领到鸠江饭店筹备处拆迁补偿款

芜湖市商业局革命委员会文件

商革生字（72）第209号

★

最 高 指 示

认真搞好斗、批、改。

* * *

关于东方红饭店改为芜湖市鸠江饭店的批复

市人民服务公司：

你司革生字（72）第100号关于将国营东方红饭店仍改为芜湖市鸠江饭店名称的报告收悉。

经研究同意你司意见，将东方红饭店名称改为"国营鸠江饭店"。此复。

一九七二年五月十三日

抄报：市革会

抄送：东方红饭店

1972年将"东方红饭店"恢复为"鸠江饭店"名称的批复

鸠江饭店大事记

（1914年10月—2024年8月）

序号	时间	内容
1	1914年10月	"王正鑫客寓"在芜湖十三道门开业
2	1950年	王正鑫客寓接受芜湖市人民政府商业开业复业调查
3	1955年5月	"王正鑫客寓"公私合营后改名为"鸠江饭店"
4	1956年1月	经安徽省人民委员会批准将十三道门15.18亩土地作为鸠江饭店建设用地
5	1956年11月	安徽省首家地方国营鸠江饭店主楼建成并试营业,安徽省人民政府副省长、全国著名书法家张恺帆题写店名
6	1957年7月	市交际处搬入鸠江饭店合署办公,时任交际处处长徐锡麟兼任鸠江饭店经理,鸠江饭店、交际处拟定饭店办事规程(新中国成立后安徽省饭店业第一份规章制度)
7	1957年8月	芜湖市人民委员会(57)市办李字第0736号文件明确鸠江饭店为"地方国营芜湖市鸠江饭店"

序号	时间	内容
8	1957年10月	地方国营鸠江饭店全面竣工后对外正式营业
9	1958年9月	毛泽东主席一行视察芜湖,奉上级指示,鸠江饭店派出专业优秀人员参与接待
10	1959年10月	市委、市政府在鸠江饭店广场举行盛大集会,10万市民共同庆祝中华人民共和国成立十周年
11	1960年4月	中共芜湖市委员会总号(60)137号批准:将交际处与鸠江饭店合并为一个支部,行政和干部工作由市委政法部领导
12	1962年4月	任命陈发渠为芜湖鸠江饭店党支部书记
13	1962年12月	中共芜湖市委员会(62)338号以及李建华市长批示鸠江饭店党支部由财贸部直接领导,行政、业务由服务局领导
14	1963年7月	中共芜湖市委组织部(63)组干字235号批准程凡同志任鸠江饭店党支部书记
15	1974年1月	《芜湖日报》发表专访鸠江饭店《坚持社会主义方向,全心全意为人民服务》重要文章
16	1976年5月	中共芜湖市委常委会决定:鸠江饭店由市商业局直接领导
17	1976年9月	中共芜湖市委组织部决定:谷经章任鸠江饭店党支部书记、革委会主任
18	1977年3月	鸠江饭店在安徽省商业系统工作会议上作《抓纲治店,大干大变》经验交流推广
19	1978年7月	鸠江饭店荣获"全国先进集体"称号,时任经理谷经章并受到华国锋、叶剑英、邓小平、李先念等党和国家领导人亲切接见

序号	时间	内容
20	1979年9月	鸠江饭店荣获市"先进企事业单位"称号
21	1980年	鸠江饭店荣获"安徽省先进单位"称号,省长张劲夫亲笔签发安徽省人民政府嘉奖令
22	1980年	荣获中华人民共和国商业部特别嘉奖
23	1982年5月	鸠江饭店荣获"安徽省先进集体"称号,《文明礼貌树新风,服务更上一层楼》作为大会先进材料向全省推广
24	1984年3月	省长王郁昭亲笔签发安徽省人民政府嘉奖令
25	1985年6月	鸠江饭店荣获"安徽省商业文明单位"称号
26	1987年12月	安徽省商业厅评定"鸠江饭店"为省特级饭店
27	1991年5月	鸠江饭店荣获省财贸系统"'创佳、创优'竞赛先进单位"称号
28	1992年7月	胡锡银同志任芜湖市鸠江饭店经理
29	1992年12月	鸠江饭店荣获"中国国际菊花节优质服务竞赛优胜单位"称号
30	1994年4月	鸠江饭店荣获"芜湖市文明单位"称号
31	1998年6月	黄玉云同志任鸠江饭店经理

序号	时间	内容
32	2000年1月	鸠江饭店荣获"国家一级酒店"称号
33	2000年5月	汪世和同志任芜湖市鸠江饭店总经理
34	2001年1月	《大江晚报》:追思20世纪江城重大历史事件并发表《鸠江饭店——芜湖的坐标》一文
35	2001年1月	鸠江饭店被评定为国家一级饭店
36	2001年2月	《大江晚报》发表《"老字号"焕发生机》重要文章
37	2001年3月	著名京剧表演艺术家梅葆玖先生下榻鸠江饭店
38	2001年9月	按商务局要求,经市政府批准,鸠江饭店进行产权制度改革,成立芜湖市鸠江饭店有限责任公司
39	2002年	鸠江饭店荣获"安徽省餐饮名店"称号
40	2003年	鸠江饭店荣获共青团安徽省委、安徽省商务厅"青年文明号"
41	2003年12月	汪世和董事长参加全国第三届新世纪中国改革人物暨改革论坛代表大会,受到国家领导人亲切接见
42	2005年	荣获"2005年度安徽省消费者放心酒店"称号
43	2006年5月	市餐饮(烹饪)行业协会认定鸠江饭店"鸠江小笼汤包""一口酥卷"为芜湖地方特色名点

序号	时间	内容
44	2008 年 10 月	市餐饮(烹饪)行业协会认定鸠江饭店"带子上朝""龙舟虾"为芜湖地方特色菜肴
45	2008 年 12 月	《大江晚报》报道:《鸠江饭店建筑被列入市珍贵重点建筑文物》
46	2009 年 11 月	鸠江饭店荣获"百年士风"杯中式烹饪大赛团体金奖
47	2010 年 3 月	共青团中央认定鸠江饭店为"青年就业创业见习基地"
48	2010 年 10 月	市餐饮(烹饪)行业协会认定鸠江饭店"清蒸布袋鸡""葡萄鱼"为芜湖地方特色菜肴
49	2011 年 10 月	国家工商总局批准鸠江饭店为国家注册商标
50	2011 年 11 月	鸠江饭店获芜湖市"鼎湖 1876"杯中式烹饪大赛团体金奖
51	2013 年 4 月	鸠江饭店被芜湖市工商行政管理局评定为"芜湖市知名商标"
52	2014 年 12 月	鸠江饭店被全国绿色饭店工作委员会、中国饭店协会评为"五叶级中国绿色饭店",这是中国绿色饭店系统最高等级
53	2014 年 12 月	鸠江饭店被安徽省工商行政管理局评定为"安徽省著名商标"
54	2014 年 12 月	鸠江饭店被安徽省商务厅、安徽省商业经济学会认定为"安徽老字号"
55	2015 年 2 月	鸠江饭店被芜湖市电视台、芜湖市餐饮(烹饪)行业协会评为"芜湖市十佳酒店"

序号	时间	内容
56	2015年3月	鸠江饭店工程采购部被中国财贸轻纺烟草工会、中国饭店协会评为"全国饭店业绿色节能班组"
57	2015年4月	鸠江饭店当选安徽省餐饮行业协会副会长单位
58	2015年6月	鸠江饭店当选"安徽诚信餐饮企业"
59	2015年6月	《安徽工人日报》登《历史与荣光并肩　追求与梦想同行——全国绿色饭店、芜湖鸠江饭店健康发展巡礼》
60	2015年9月	《全国先进模范事迹汇编》刊登鸠江饭店先进事迹
61	2015年11月	鸠江饭店当选安徽省商业经济学会副会长单位
62	2016年12月	鸠江饭店当选中国饭店协会常务理事单位
63	2017年4月	鸠江饭店荣获"安徽省餐饮文化建设先进单位"
64	2017年11月	鸠江饭店被第七届中国徽菜博览会组委会、安徽省餐饮行业协会评为"十佳正餐品牌"
65	2018年1月	鸠江饭店被安徽省质量技术监督局、安徽省名牌战略推进委员会评为"安徽名牌"
66	2018年5月	鸠江饭店当选安徽省老字号副会长单位
67	2018年11月	鸠江饭店被评为中国绿色饭店百强

序号	时间	内容
68	2019 年 1 月	董事长汪世和荣获中国改革开放 40 周年安徽老字号杰出贡献人物奖
69	2020 年 10 月	董事长汪世和荣获商务部颁发的"中华老字号华夏工匠奖"
70	2020 年	鸠江饭店当选安徽省老字号协会常务副会长单位
71	2020 年 12 月	鸠江饭店被中华老字号组委会评为"最具影响力品牌"
72	2021 年 2 月	安徽省文化和旅游厅主办的"安徽美食·百城千味"活动,鸠江饭店的"百子酥肉"被推选为芜湖市招牌菜
73	2021 年 12 月	鸠江饭店荣获"国家五钻级酒家"称号
74	2022 年 3 月	中央电视台财经频道《消费主张》栏目《徽菜》专题片摄制组,来鸠江饭店拍摄"鸠帮菜"
75	2022 年 8 月	鸠江饭店向芜湖市蓝天救援队捐赠 4 只救生橡皮艇及相关物资,芜湖《大江晚报》予以报道:《老字号向蓝天救援队捐赠冲锋舟》
76	2022 年 10 月	芜湖市老字号企业协会成立,董事长汪世和当选首任会长
77	2022 年 12 月	芜湖市鸠江饭店有限责任公司成立芜湖市鸠帮菜研究院
78	2023 年 2 月	鸠江饭店荣获"食安安徽"品牌称号
79	2023 年 3 月	鸠江饭店荣获"镜湖区政府质量奖",并被推荐为"芜湖市政府质量奖"

序号	时间	内容
80	2023年5月	鸠江饭店鸠帮菜被市政府列入芜湖市非物质文化遗产保护项目;鸠江饭店董事长汪世和荣获2022年"'芜湖工匠'年度人物"称号
81	2023年9月	中央电视台财经频道《消费主张》栏目《中国夜市全攻略·芜湖篇》摄制组,来鸠江饭店拍摄"鸠帮菜"
82	2024年2月	鸠江饭店获"中华老字号"荣誉称号
83	2024年7月	中央电视台科教频道《味道》摄制组来鸠江饭店拍摄"鸠帮菜"

主要参考文献

[1]余谊密.民国八年版《芜湖县志》[M].合肥:黄山书社,2008.

[2]黄钺.壹斋集[M].合肥:黄山书社,1999.

[3]芜湖市地方志编纂委员会.芜湖市志:上[M].北京:社会科学文献出版社,1993.

[4]芜湖市地方志编纂委员会.芜湖市志:下[M].北京:社会科学文献出版社,1995.

[5]芜湖市地方志编辑委员会办公室.芜湖通史:古近代部分[M].合肥:黄山书社,2011.

[6]中国共产党安徽芜湖历史:第一卷·修订本[M].北京:中共党史出版社,2023.

[7]芜湖市地名委员会.安徽省芜湖地名录[Z].1985.

[8]姚永森.芜湖之谜[M].合肥:安徽人民出版社,2009.

[9]《芜湖市政建设志》编写领导组.芜湖市政建设志[Z].1987.

[10]芜湖市文化局.芜湖古今[M].合肥:安徽人民出版社,1983.

[11]中共芜湖市委党史和地方志研究室.芜湖历代诗词:上、下[M].芜湖:安徽师范大学出版社,2022.

后　记

　　《鸠江饭店史话》一书，在历经近一年时间的紧张而有序的创作之后，终于与广大读者见面了。这是芜湖市一批热衷于文史研究的爱好者共同努力的结果，并得到鸠江饭店的大力支持。这本书是芜湖第一部研究地方餐饮企业历史渊源的专著，集科学性、文学性、严谨性于一体，填补了芜湖在餐饮史研究方面的空白。

　　芜湖地理位置优越，长江、青弋江交汇于此，自古就是皖江地区重要的物资集散地。明清以降，随着江南铁路、淮南铁路的先后修建，芜湖辐射的外沿得到了极大的扩张，自1876年开埠以后，芜湖更是迎来了飞速发展，"长江巨埠、皖之中坚"的美誉不胫而走。商业的发达，让餐饮业有了广阔的发展空间，从王正鑫客寓到鸠江饭店，这座百年老店的历史沿革和发展脉络，是一部浓缩的近代餐饮史，是珍贵的"活化石"。多年来，许多有识之士一直致力于这家饭店各类发展史史料和实物的搜集、整理、研究，期盼早日结集成册，付之梨枣。今天，这一夙愿终于得以实现。

　　本书在创作过程中，得到了芜湖市档案馆、芜湖市城市建设档案馆、芜湖市委党史和地方志研究室、芜湖市文化和旅游局、芜湖市商务局、安徽师范大学出版社、鸠江饭店资料室等单位的大力支

持，在此一并表示由衷的感谢。"广场往事"有关史料，除文中有自注出处外，其余均引自于本书后所列参考文献。由于年代久远，本书一些历史照片无法跟作者本人取得联系，盼见到本书后主动与鸠江饭店联系，以便我们支付稿酬。

由于时间匆忙，加之创作团队水平有限，本书难免存在鲁鱼亥豕之误，敬请广大读者原谅。

《鸠江饭店史话》编写组

2024 年 10 月